답 없는 너에게

❖ **일러두기**

- 이 책은 청소년 큐티 매거진 〈Q〉에 "노老철학자가 십대들에게 띄우는 편지"라는 제목으로 기획·연재된 14회분 원고를 다시 다듬고 내용을 더하여 재구성하였습니다.

- 〈Q〉에는 2011년 8월호(창간호)부터 2012년 11·12월호에 연재되었으며, 격월간으로 바뀐 2012년 9·10월호에는 연재를 한 회 쉬었습니다.

- 본문에 인용된 성구는 '새번역성경'으로 통일하였습니다.

노老철학자 **손봉호**가
10대에게 띄우는 인생 편지

답 없는 너에게

손봉호 · 옥명호 지음

여는 글

금년은 광복 70주년이 되는 해입니다. 올해 78세가 되는 나는 70년 전과 오늘의 상황을 어느 정도 비교할 수 있는 세대입니다. 지난 70년은 우리 민족의 위상이 역사상 가장 낮아진 자리에서 전 세계에 이름을 내밀 수 있을 만큼 상승한 매우 중요하고 영광스러운 기간입니다. 그런 판단은 상당히 객관적이며 역사학자들도 이에 동의할 것이라 믿습니다.

한창 10대를 살아가는 여러분은 70년 전에 우리의 상황이 어떠했는지를 말과 글로만 알게 되기 때문에 상상하기가 쉽지 않을 것이고, 오히려 지금의 상황에 대해 불만이 많을 줄 압니다. 내가 지금의 상황에 대해서 감격하는 것이 자연스러운 만큼, 여러분이 불평하는 것도 자연스럽습니다.

젊은이들이 현실에 너무 만족하면 비판적 사고를 할 수 없고, 그로 인해 있는 것을 고치거나 새로운 것을 만들 수 없게 됩니다. 자연은 변하지 않지만 인간과 사회는 변하기 마련이고, 사회는 스스로 변하는 것이 아니라 사람들이 의식적으로 계획하고 노력함으로써 발전하는 것입니다. 좋든 나쁘든 이제까지는 어른들이 우리 사회와 문화를 이 정도로 이끌어 왔지만, 앞으로의 우리 사회는 청소년 여러분이 이끌어야 합니다.

그런데 인간과 사회에도 변하지 않는 것들이 있으며, 바꾸면 안 되는 것들도 있습니다. 예를 들어 모든 인간이 먹고 입어야 한다는 사실은 변하지 않으며, 인간은 모두 평등하고 자유로워야 한다는 사실은 바꾸면 안 되는 것입니다. 그런데 아직도 어떤 사람들은 제대로 먹거나 입지 못하며, 평등과 자유도 모든 사람이 동등하게 누리지 못하는 게 현실입니다. 인류 사회에는 여전히 개선의 여지가 많이 있습니다. 나아가 더 많은 사람들이 더 멋지고, 더 아름답고, 더 평화롭고, 더 창조적으로 살 수 있게 하는 것도 여러분이 가진 가능성인 동시에 책임입니다.

그런 목적을 달성하려면 올바르고 착한 의지와 더불어 지혜와 능력이 필요합니다. 능력은 여러분이 키우고 개발해야 하지만, 지혜는 우리같이 늙은 세대에게 좀 배울 필요가 있습니다. 삶의 지혜는 상당 부분 경험에서 생겨나는데, 노인들은 젊은이들보다 더 많은 것을 경험했고 실수도 많이 했으니까 더 지혜로울 수 있습니다. 물론 노인들의 생각 가운데는 이미 낡아서 아무 소용도 없는 것들도 적지 않기에 그들의 말을 다 들을 필요는 없습니다. 들어 보고 취사선택하여 활용하면 좋지 않을까 합니다. 너무 존중하면 진취적이 되지 못하고, 너무 무시하면 불필요하게 실수를 많이 해서 시간과 에너지를 낭비하게 됩니다.

나는 청소년 여러분보다 오래, 그리고 우리 역사에서 가장 변화가 큰 시기를 살았고, 문학·신학·철학을 공부하여 여러 우물을 팠으며, 강단에 서는 일뿐 아니라 설교·시민운동·환경운동·교회개혁운동·복지운동 등 다른 노인들보다는 좀 더 다양하게 활동해 왔습니다. 논문, 칼럼, 책을 비교적 많이 썼고 방송에도 많이 출연했습니다. 즉 많은 것을 경험했고, 많은 활동을 했으며, 나름 생각도 많이 하며 살아왔다는 의미입니다. 공적인 활동을 많이 하는 과정에서 사람들의 비판과 사회의 평가도 받았기에 일방적인 생각에 치우쳐 있지도 않다고 생각합니다.

그렇다고 이 책에서 내가 청소년 여러분에게 들려주는 여러 생각과 경험, 지혜와 조언이 모두 객관적이고 대단한 가치를 가졌다고 자부하는 건 아닙니다. 무턱대고 그대로 따를 것이 아니라 귀 기울여 들어보고 참고로 삼기만 해도 유익하리라 믿습니다.

이 책의 내용은 나의 인생 경험과 생각에서 나왔지만, 글은 전적으로 〈복음과상황〉 옥명호 편집장의 것입니다. 그리고 나의 생각 또한 인터뷰 과정에서 던진 옥 편집장의 적절한 질문이 자극해서 생겨난 것이기에 이 책은 옥 편집장의 것이라 해도 지나치지 않습니다. 옥 편집장에게 깊은 감사를 전합니다. 끝으로 이 노인네의 이야기를 듣고자 지금 이 책을 펴든 청소년 여러분에게도 고마운 마음을 전합니다.

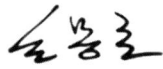

차례

여는 글 | 4

1장 인간관계, 뭐가 이렇게 복잡하죠?

물음표 하나. 이성에 대한 감정과 욕구는 자유 아닌가요? 12
물음표 둘. 우정은 어떻게 만들어 가야 하나요? 25
물음표 셋. 때로는 가족이 왜 제일 힘든 걸까요? 35

2장 억지로 하는 거 딱 질색이에요!

물음표 넷. 지금 꼭 진로를 정해야 해요? 50
물음표 다섯. 하기 싫은 공부, 해야 하나요? 63
물음표 여섯. 책 말고도 볼거리, 읽을거리 많잖아요? 76
물음표 일곱. 영어 공부, 왜 그리고 어떻게 해야 하나요? 89

3장 어떻게 살아야 잘 사는 걸까요?

물음표 여덟, 작은 관심이 사회를 바꿀 수 있을까요? 104
물음표 아홉, 어떻게 해야 행복해질 수 있나요? 117
물음표 열, 왜 인생에는 고통이 끊이지 않는 걸까요? 130
물음표 열하나, 영혼의 밤이 오면 어떻게 해야 하죠? 142

4장 세상은 이렇게 말해요!

물음표 열둘, 돈, 많을수록 좋다고 하잖아요? 154
물음표 열셋, 신앙, 없다고 불편하지 않잖아요? 165
물음표 열넷, 정직하게 살면 손해 보지 않나요? 179
물음표 열다섯, 다들 '외모'가 경쟁력이라잖아요? 190

닫는 글 | 204

1장

인간관계, 뭐가 이렇게 복잡하죠?

물음표 하나,

이성에 대한 감정과 욕구는 자유 아닌가요?

　내가 너희들에게는 한참 늙은 노인네라 내 얘기가 어떨지 모르겠다. 그래도 할아버지로서, 너희보다 앞서 산 사람으로서, 할 얘기가 있단다. 늙은이의 말이란 잔소리가 되기 십상이지. 안다. 그래도 얘들아, 할 말은 해야겠다. 그나마 내가 너희들에게 줄 수 있는 건, 내가 몸소 겪고 부딪치며 살아 본 경험과 깨달음에서 나온 지혜의 조각들 아닐까 싶다. 이 땅에서 70년을 넘게 산 내 이야기가 앞으로 너희가 걸어갈 길에 안내도가 되고, 목표와 방향을 바로 알려 주는 이정표가 된다면 더 바랄 게 없다.

그러니 친구들, 너희들의 할아버지가 하는 이야기라 생각하고 들어주기 바란다. 이 늙은이의 잔소리를.

너희들 나이에는 아마 공부 다음으로 연애나 성性이 큰 관심거리일 게다. 그건 어느 시대, 어느 사회에나 청춘 남녀들이 관심 갖는 일이니 이상할 게 없지. 내가 중·고등학교 다닐 적에는 한 반에 연애하는 친구가 있으면 온 학교에 소문이 났다. 화제를 몰고 오는 일이었지. 물론 그게 심각하게 문제 되거나 하는 일은 없었다. 그저 웃고 떠드는 농담이나 대화 소재 정도랄까.

내 연애 얘기가 궁금하다고? 허허허, 너희들을 재미있게 해 줄 멋진 스토리가 있으면 좋겠지만, 아쉽게도 그런 경험담이 없구나. 절실히 고민하거나 마음 쏟은 적이 없었거든. 물론 그저 마음속으로야 호감을 느꼈던 여학생이 적지 않았지만 말이다.

그땐 '플라토닉 러브'의 시대였다

우리 땐 이성에 관심이 생기면 어떻게 했는지 아니? 연애편지를 썼다. 지금처럼 휴대 전화나 이메일은 물론이고, 전화기 있는 집도 많지 않았을 때라 통화하기도 어려웠고. 요즘처럼 무슨 패스트푸드점이나 카페 같은 데도 없었으니까. 따로 만날 만한 공간도 없어서 들판에서 만나기도 했다. 직접 만나서 얘기하는 것보다는 편지를 주고받는 경우가 많았고. 지금 생각해 보면 그게 참 좋았다. 연애편지를 잘 쓰고 싶어 시도 읽고 글 쓰는 법도 배우고 그랬지. 그 시절엔 그만큼 연애편지가 아주 중요했단다.

그 시절에 공식적으로 여학생을 만날 수 있도록 허락된 장소는 교회였다. 그런 이유로 교회에 나온 친구들도 있었지. 그런데 당시 교회에서는 지금 너희들은 상상도 못할 정도로 남녀 관계를 엄격하게 통제했다. 이성 간에는 같은 학년 같은 또래인데도 서로 존댓말을 썼다. 예배드릴 때나 학생회 모임을 할 때에도 남반 여반으로 따로 나뉘어 앉았고. 그게 당시 대부분의 교회 분위기였다. 물론 연애하지 말라는 얘기도 있었지만, 그저 일반적으로 주의를 주는 정도였지 지금처럼 따로 주제 강의를 하거나 그러지는 않았다. 당시의 10대들도 연애 이야기를 많이 나누고 꽤 흥미를 갖기도 했지만, 지금처럼 뜨거운 관심사로 삼을 만한 정도는 아니었다.

어느 시대나 남녀 관계가 중요하지 않은 시대가 없었겠지만, 우리 때에는 확실히 지금보다는 관심이나 비중이 덜했다. 연애 가능성도 적었고, 특히나 성적인 부분에 있어서도 자극 자체가 덜했던 시절이었다.

아무래도 그 시절에는 플라토닉 러브Platonic love, 정신적 사랑가 유행했던 것 같다. 속마음은 어떨지 몰라도 겉으로는 서로 쉽게 손을 잡거나 입을 맞추는 행동을 천덕스럽고 교양 없는 일로 여겼지. 그런 분위기 속에서 나는 10대를 보냈단다.

감정과 욕구는 '댐의 물'이다

이 할아비는 다른 분야에 있어서는 비교적 자유로운 사고방식을 가졌다고 생각한다. 그러나 (이미 눈치챘겠지만) 남녀 관계만큼은 상당히 보수적이란다. 물론 10대 시절의 연애 자체를 부정적으로 보지는 않는다. 다만, 절제하지 않고 감정이나 욕구만을 좇다 큰 불행을 낳을까 염려가 된다.

너희들이 더 잘 알겠지만, 요즘 길거리에서 중고생들이 손을 잡고 다니거나 어깨나 허리에 팔을 두른 모습을 심심찮게 볼 수 있잖니? 서로 좋아하는 감정이 있으면 손잡고 싶고 만지고 싶고 안고 싶은 욕구가 생기는 게 당연하다. 성적 충동이나 이성애는 인간에게 상당히 중요한 본능적 욕구다. 이 말은 이런 감정이나 욕구가 중요한 만큼 함부로 다루면 위험(불행)해질 수 있다는 뜻이다. 기본적이고 중요한 욕구일수록 소중히 다루고 절제할 때 인격적으로 깊어지고 성숙하는 데 대단히 좋은 기회가 된다.

손을 잡아 보고 싶다는 욕구가 실제로 손을 잡는 경험보다 훨씬 더 깊이가 있다. 막상 손을 잡고 나면 감정이 깊어지고, 훈련할 과정이 생략되면 일시적으로 욕구만 충족될 뿐이다. 그러니 너무 쉽게 신체 접촉을 하지 말기 바란다. 그게 성적 순결을 지키는 데도 좋다.

감정을 인내하면서 승화해 나가는 '감정 훈련'이 필요하다.

기독교는 인간의 감정을 무조건 부정적으로 보지 않는다. 그러나 감정이나 욕구로 인해 자주 죄를 짓게 되기에 이런 감정을 어떻게 드러내고 사용해야 하는지의 문제에 대해서는 분명한 원칙이 있다. 예를 들어 어떤 물건을 갖고 싶다는 욕구나 감정은 누구에게나 있을 수 있고, 그 욕구를 충족하기 위해 자기가 정직하게 값을 치르는 것이 바람직하다. 그러나 남을 속이거나 훔쳐서 그 욕구를 채운다면 어떻게 될까? 성적 욕구도 마찬가지다. 절제함으로써 정당한 틀 안에서 충족시키면 생산적이 되지만, 절제하지 못할 때는 굉장히 파괴적인 결과를 가져오게 된다.

인간의 이런 욕구는 '댐에 갇힌 물'과 같다. 댐의 물은 아래로, 밖으로 쏟아져 나가려는 경향이 있다. 그래서 댐의 수문을 적절하게 조절하면서 물을 내보내면 상당히 생산적으로 쓸 수 있지. 농업용수나 공업용수로도 쓰고 전기를 생산하기도 한다. 그런데 댐의 수문을 한꺼번에 터뜨려 버리면 그 물은 파괴적이 된다. 댐 아래 있는 모든 것을 휩쓸어 가버리는 것이다.

감정도 마찬가지다. 감정에도 댐의 원리가 적용된다. 감정을 절제 못하고 있는 대로 밖으로 터뜨려 버리면 파괴적이 되는 거지. 감정을 바로 터뜨리지 않고 절제하면 그 응축된 감정이 오히려 시가 되고 소설이 된다. 그런데 그 감정이나 욕구를 바로바로 해소하게 되면 감정 그 자체가 성숙해질 기회도 놓치게 된다.

'승화'라는 말이 있다. 어떤 욕구를 추상화해서 높은 단계로

끌어올리는 게 승화다. 10대 시절의 그런 욕구를 승화할 때 비로소 인격이 자라고 자기 발전을 이루어 나갈 수 있는 것이다. 감정의 승화를 위해서는 무엇보다 독서를 하는 것이 좋다. 사랑에 관해 말하고 다루는 여러 명작들을 읽으면 너희들의 감정이 훨씬 더 섬세하게 다듬어지고 아름답게 승화되어 갈 것이다. 아울러 감정에 뜸을 들이는 시간을 갖는 것도 좋다. 혹시 밥을 지어 봤는지 모르겠다만, 밥 지을 때 뜸 들이는 시간을 빼버리면 설익은 밥이 된다. 감정도 마찬가지다. 앞서 말했듯이, 좋은 소설이나 시집을 읽는 것도 감정이 잘 익어 가도록 뜸을 들이는 과정이 된다. 시를 직접 써보는 것도 좋고, 편지를 쓰는 것도 도움이 된다. 핸드폰 문자도 있고 이메일도 있지만, 그보다는 연애편지 써보기를 권하고 싶구나.

성경과 연애, 신실함과 순결

달리 해석하는 견해가 있긴 하지만, 구약 성경의 '아가서'는 연애 이야기란다. 내가 미국 유학 시절에 가르침을 받은 세계적인 구약학자 한 분이 있다. 어느 날 학생들이 그분께 물었다. "성경에 왜 연애 이야기가 들어 있습니까?" 그러자 그 교수님이 이렇게 대답하셨지. "연애 이야기가 성경에 당연히 들어가야지요. 그게 얼마나 중요한 이야기입니까?"

성경도 연애 그 자체를 부정적으로 보지는 않는단다. 성경이 남녀 관계에서 강조하는 건 신실함fidelity이다. '신실하다'는 게 무슨 말인지 이해하기 쉽진 않을 게다. 신실함이란 다른 사람이 마음 놓고 믿을 수 있을 정도로 말과 행동을 책임 있게 그리고 정직하게 하는 것이다. 이는 자신을 훌륭한 사람으로 보이기 위해서가 아니라 관계 맺는 다른 사람에게 신뢰를 주기 위함이다. 연애할 때도 서로에게 끝까지 충실할 수 있어야 진정한 사랑이 완성된다. 남녀 관계뿐 아니라 모든 면에서 성경이 가장 강조하는 게 바로 신실함이란다. 구약과 신약 모두 하나님과 인간 사이의 언약(약속)의 신실함에 바탕을 두고 있지. 성경에서는 하나님과 이스라엘 백성 사이의 신실함을 결혼에 비유한단다. 그러니까 하나님 아닌 다른 신을 섬기는 일은 '간음'이 되는 거지. 간음은 상대방에 대한 절대적 사랑과 헌신의 약속인 결혼의 신실함을 깨는 행위이기에 죄인 것이다. 그러니 남녀 관계에서 상대에 대한 신실함을 저버리는 건, 간음과 같은 죄가 될 수 있지.

　남녀가 서로 성관계 맺는 것 자체는 죄가 아니다. 그러나 결혼 전에 성관계를 가진다면 그 자체로 결혼이 성립되는 것이므로 반드시 그 사람과 결혼해야만 한다. 그게 너희들 10대라 해도 말이다. 성관계는 일단 맺고 나면 더 이상 자기 혼자만의 문제로 머물지 않는다. 서로에 대한 '책임'이 요구되는 중요한 일이지. 인간이 관계의 책임을 진다는 건 결코 허투루, 쉽게 여겨선 안 될 일이다.

10대 시절에 이성에 대해 호감을 가지는 건 자연스러우며 건강한 감정이다. 그런데 그걸 절대시해서는 안 된다. 인간의 감정이라는 건 믿을 만하지 못하거든. 우리가 흔히 '반한다'고 할 때 영어로 '인패츄에이션'infatuation, 사랑의 열병이라는 말을 쓰는데, 다른 표현으로는 '캐프 러브'calf love, 풋사랑라고도 한단다. 이 말은 '철부지 사랑'으로도 번역되는데, 쉽게 말하면 믿을 수 없다는 뜻이지. 청소년기의 연애 감정이 일평생 가지는 않는다. 그런데 단순히 한때의 연애 감정이나 철부지 사랑에서 나오는 욕구를 성관계를 통해 해소하는 건 일생 동안 안고 갈 불행의 씨앗을 심는 거나 마찬가지다. 그러니 장래의 행복을 위해서라도 성적 순결을 지키는 게 좋다. 이를 위해서는 최대한 이성과의 신체 접촉을 피하는 게 좋고.

이 할아비도 안다. 요즘 너희들을 보면 가엾다는 생각을 많이 한다. 아무래도 지금보다는 우리 때가 성적 순결을 지키기가 쉬웠다. 요즘엔 성적인 면에서 외부의 자극이 보통 심한 게 아니다. 성적 자유니 성 개방 물결이니 하면서 언론이 앞서 떠들어댄다. 인터넷이 가능한 장소면 어떤 곳에서든 스마트폰이나 노트북을 통해 자극적인 영상물을 쉽게 접할 수 있다. 엄청난 유혹이 들끓는 시대다. 환경이 그렇다. 자극이 많아지다 보니 사춘기도 점점 더 빨라진다.

이런 분위기 속에서 성적 순결을 유지한다는 게 얼마나 힘들지 짐작하고도 남는다. 그러나 지금 한순간이 아닌 장래의 행복과 자기 성숙을 위해서는 인내하며 기다릴 줄 알아야 한다. 세상이 아무리 성적 자유를 떠들어도 모든 사람들이 성적으로 문란한 게 결코 아니다. 스스로 절제하고 인내하는 사람들이 얼마나 많은지 모른다. 인내는 굉장히 덕이 되고 아름다운 것이다.

원하는 대로 들어주는 게 사랑이 아니다

앞서 요즘 10대들에게는 외부의 자극이 너무 많다는 얘기를 했다. 그건 우리 기성세대의 잘못이 크다. 기성세대가 음란물을 만드는 건 거의 백퍼센트 돈을 벌기 위한 거다. 이런 상업적인 음란물을 막아야 하는데…. 내가 기윤실(기독교윤리실천운동) 하면서 수십 년간 이 싸움을 벌였지만 완전히 실패했다. 이 문제에 관해서는 기성세대가 책임을 회피해서는 안 된다. 시민사회단체가 이러한 사안을 그냥 내버려 두는 건 굉장히 무책임한 일이다.

사춘기가 일찍 온다는 게 어찌 보면 굉장히 불행한 일이다. 아직 가치 판단이 서투른 나이에 신체적 정신적 감정적 혼란이 찾아오면 자기 자신을 스스로 지키기 쉽지 않다. 자기 자신을 보호하기 위해 청소년기의 욕구를 "참아야 한다" 이렇게 말하면 "무조건 참으라고 하면 안 되죠" 하는 이들이 있을 것이다.

그 말도 나름대로 일리가 있지만, 온갖 자극적인 환경을 다 허용함으로써 참지 못하게 만들어 놓고는 나중에 가서 청소년 성문제가 생기면 "그것 봐라. 참으라고 하지 않았니!"라고 한다. 이건 무책임한 거고, 어른인 우리 모두가 공범이다. 책임 있는 부모, 책임 있는 기성세대라면 얼마든지 참으라고 해야 한다. 인내와 절제를 가르쳐야 한다. 그와 동시에 감정을 승화할 수 있는 길을 터주어야 한다. 자연을 사랑하고 예술적 감각을 키우고 스포츠에 에너지를 쏟아 낼 기회를 열어 주어야 한다. 기성세대와 부모들의 책임을 말했다고 해서 너희 자신의 책임이 없다는 건 아니다. 너희들도 건강하게 욕구와 감정을 풀고 가꾸어 가기 위해 마땅히 노력해야 한다.

착각하지 말아야 할 게 있다. 지금은 너희의 요구들을 부모님이나 어른들이 그대로 들어주는 걸 사랑이라고 생각할지도 모르겠다. 그러나 원하는 대로, 요구하는 대로 들어주는 게 사랑이 아니다. 부디 착각하지 말기 바란다. 지금 너희들의 요구들을 원하는 대로 다 들어주는 건 오히려 크나큰 무책임이 될 수 있다. 너희가 원하는 걸 부모가 해주지 않는다고 해서, 결코 너희를 사랑하지 않는다고 생각하지 말기 바란다. 도리어 너희를 사랑하기 때문에, 아끼기 때문에, 무작정 아무거나 들어줄 수 없는 때가 있다.

더러 언론에 청소년기의 성에 대해 10대들의 '자유 발언'("학교 양호실에 콘돔과 피임약, 피임 기구를 구비해야 한다", "학교에서 피임 기구 사용법을 홍보해야 한다" 등)이 화젯거리로 보도되는 경우를 본다. 언론의 선정성을 잘 보여 주는 사례. 그런 발언을 자세히 보도하는 것 자체가 음란물 유포의 일종일 수 있다는 걸 알아야 한다. 그걸 청소년들의 자유로운 성 의식, 성 문화인 양 부추기며 여과 없이 보도하는 건 분별력 없는 일이다. 현실이 이렇다는 이유로 그릇된 것을 정당화해서는 안 될 일이다.

어느 신문의 설문조사대로, 혼전 성관계를 경험한 청소년이 10명 중 2명에 가까운(17퍼센트) 게 현실이라 해도 달라질 건 없단다. 모두가 도둑질을 한다고 해서 그걸 정당화할 수는 없지 않겠니. 너희들로서는 혼전 순결이 케케묵은 얘기라고 할지 모르겠다만, 아직 여물지 않고 성숙하지 않은 너희 나이 때의 생각이나 발언을 그저 당돌하고 화제가 될 성싶다 하여 그대로 보도하는 걸 어찌 바람직하다 할 수 있겠니. 책임 있는 어른이라면, 청소년들의 장래를 염려하며 혹여 장래를 그르치지는 않을까 하는 생각에 어찌 단호하게 꾸짖고 나무라지 않을 수 있겠니.

때로는 너희들에게 솔깃한 얘기를 하는 사람들이 있다. 청소년의 성적 자유 어쩌고 하면서 그릇된 논리를 펼치는 어른들 말이다. 그들은 스스로 진보적인 양 말하지만, 그건 진보가 아니라 분별력 없고 무책임한 것이다. 너희들 귀에는 달게 들릴지 모르나 실상은 그런 말일수록 너희에게는 쓰디쓴 독이 될 뿐이다.

둘이 서로 원하면 괜찮다?

이 할아비는 10대 시절 남녀 관계나 성 문제로 고민한 기억이 별로 없다. 그쪽에 큰 관심이 없어서 그랬을 게다. 우리 아들이나 딸도 청소년기에 별로 그런 문제로 고민하지는 않았던 것 같다. 설령 그런 문제로 고민했다고 해도, 내가 엄한 아버지였으니 대화해 볼 엄두조차 내지 못했을 수도 있다.

너희들은 어떤지 모르겠다. 모르긴 해도, 그런 고민이 있을 때 부모님과 직접 대화하고 조언을 구하기가 쉽진 않을 것 같구나. 이 할아비 때하고는 시대가 많이 달라졌다 해도 말이다. 만일 그렇다면 좀 더 친절하고 사려 깊은 이모나 삼촌, 고모, 사촌 형이나 누나 또는 언니나 오빠 같은 친척과 대화하는 것도 좋은 방법이다. 생각이 깊고 신뢰할 만한 친구나 교회 선배, 교회 선생님과 고민을 나누는 것도 좋은 방법일 테지.

그러나 인터넷은 좋은 대안이라고 생각하지 않는다. 어찌 보면 요즘은 인터넷이 가장 쉽고 빠르게 정보를 얻을 수 있는 통로일지 모르지만, 그건 별로 권하고 싶지 않구나. 온갖 것이 넘쳐나는 정보의 바다에는 거짓되고 어그러진 것들이 굉장히 많이 섞여 있어서 그걸 구별해 내는 것만도 쉽지 않기 때문이란다.

모든 일이 그렇지만, 특히 성관계에 관해서는 자기 행동에 책임을 져야 한다. 이건 엄청난 책임이다. 자기 혼자만의 일이라면 문제가 되지 않을 수 있다. 그러나 성관계는 다른 사람에게도 엄청난 영향을 끼치는 일이다. 그러니까 그에 대한 책임을 져야 마땅하다. 성관계를 맺었다면 반드시 결혼을 해야 하는 것이다. 다른 도리가 없다. 누가 옳고 그른 문제가 아니라, 상대방의 일생이 걸린 문제다. 그 사람의 일생을 망가뜨릴 수 있는 문제인 것이다. 이렇게 엄청난 문제들에 책임지지 않고 그냥 넘어갈 수 있는 방법을 나는 알지 못한다. 특히 그리스도인이라면, 하나님의 용서를 구하기 위해서도 결혼해야 한다. 안 그러면 훗날 그것이 결과적으로 간음이 된다.

다시 강조하지만 성관계는 다른 사람과의 '관계'에서 생기는 문제이므로 반드시 책임을 져야 한다. 나 자신의 장래뿐 아니라, 다른 사람의 장래가 걸린 문제라는 걸 반드시 기억해야 한다. 내 욕구 때문에 다른 사람의 장래를 망치는 일이 될 수 있다. "상대방도 원한다면 문제 없지 않나요?"라고 묻고 싶니? 그렇다 해도 달라지는 건 없다. 똑같이 당사자들의 장래에 파괴적인 결과를 가져온다.

그런 면에서는 지금의 사회 현실이 참 안타깝다. 이렇게 온갖 자극이 넘쳐나는 세상에서 인내하라는 게 얼마나 비합리적으로 들릴지 나도 안다. 그럼에도 거듭 "인내하고 절제해야 한다"고 말할 수밖에 없다. 그게 사랑이다.

물음표 둘,

우정은 어떻게 만들어 가야 하나요?

우정이 시작되는 곳

언젠가 신문기사를 읽다가 무척 속이 상한 적이 있다. 친구들에게 괴롭힘 당해 온 중학생이 스스로 목숨을 끊은 사건 때문이었다. 친구 관계가 우정으로 자라 가기보다 힘으로 지배되기 시작한 건 언제부터였을까? 한 사람을 죽음(자살)으로 내몰게 한 괴롭힘은 어떤 이유로도 정당화할 수 없다. 꼭 주먹을 써야만 폭력인 건 아니다. 누군가에게 상처나 심한 모욕을 주는 말 한 마디가 더한 폭력일 수 있다.

  청소년 시기를 지나는 너희에게 친구는 참 소중한 존재다. 때때로 엄마나 아빠, 가족이 해결해 줄 수 없는 외로움을 느끼는 순간이 있다. 그럴 때 친구가 곁에 있다면 그 외로움은 반으로 줄어든다. 굉장히 즐겁고 유쾌한 기쁨의 순간을 친구와 함께한다면 그 기쁨은 곱절로 불어난다. 함께 놀고, 웃고, 울고, 대화 나눌 친구가 없다면 세상이 얼마나 적막하고 따분할까….

  이 할아비가 너희만 했을 땐 모두들 폭넓게 친구를 사귀는 편이었다. 그때는 단짝 친구 개념이 거의 드물었고, 다들 두루 섞여서 어울려 놀았다. 내가 초등생이었을 땐 집에서 학교까지 한 시간 거리를 동네 아이들과 함께 걸어 다녔는데, 그 시간이 서로 부대끼고 까불며 노는 시간이었다. 중고생이었을 때에도 요즘처럼 경쟁이 치열한 시절이 아니었으니까, 친구 집에서 시험공부를 함께할 정도였다.

  친구 사이의 사랑을 '우정'友情이라 한다. 취미나 관심사, 무언가를 좋아하는 취향이 같은 사람을 만나면 서로 자연스럽게 호감을 갖게 된다. 만남이 거듭되면 이 호감이 우정으로 발전하지. 그러니 두 사람 사이의 우정이란 무엇보다 공통의 관심사에서 싹트고 자라나는 나무와 같다. 여기에 서로 생각이 비슷하여 마음이 잘 맞거나, 자기 자신보다 친구를 더 배려하며 잘 대해 주게 되면, 우정의 키가 급속도로 자라 가고 우정의 뿌리가 더욱 더 깊어진다.

우정이라는 말 자체가 한자말인데, 벗 '우'友 자에는 '뜻을 같이하는 사람'이라는 의미가 있다. 뜻을 같이한다는 건 생각, 즉 가치관이나 세계관이 같다는 의미다. 요즘 너희들 하는 말로 '베프'(베스트 프렌드)나 '절친'이란 다른 무엇보다 세계관이 일치하는 친구 사이에 붙여 주는 말이어야 한다. 세계관이란 세상의 일이나 사물을 바라보는 관점이자 견해인 동시에 그 관점과 견해의 지향점을 뜻하는 말이다. 쉬운 예로 종교나 철학 같은 걸 생각하면 된다.

'절친'의 조건, 있다? 없다?

물론 이 할아비에게도 '베프'들이 있다. 네덜란드 유학 시절에 사귀었던 현지 친구들이지. 몇 년 전에도 우리 집에 놀러 와서 3주간 지내다 갔다. 이 친구들은 나처럼 보수적 기독교 신앙을 가진 기독교인인 데다 같이 철학을 공부해서 그런지 가치관이 굉장히 비슷하다. 전혀 다른 성장 환경과 문화적 배경, 언어, 민족적 전통을 지녔음에도 공통점이 얼마나 많은지 서로 놀랄 정도다. 서로 멀리 떨어져 있기에 한 7, 8년 못 만나다 재회했는데도 하루 만에 만난 것 같은 느낌이 들었다. 우리는 서로 아내들이나 친지들, 다른 가족들하고도 잘 알고 지낸다.

인종, 언어, 문화 등 많은 차이를 뛰어넘어 어떻게 우리가 절친이 될 수 있었는지 궁금하지 않니? 우리 사이의 커다란 차이를 넘어서게 한 건 다른 무엇보다 '세계관'이었다. 세계관이란 한 개인에게나 다른 사람과의 관계에서나 가장 본질적이고 중요한 요소가 아닌가 한다.

그때 우리는 각자 이미 어느 정도의 세계관이 확립되어 있었지만 철학을 함께 공부하고 토론하면서 서로 비슷한 세계관을 형성하게 된 것 같다. 7년이란 긴 세월이고 그동안 우리는 많은 것을 같이 경험하고 같은 강의를 들으며 함께 토론했기 때문에 우리 자신도 모르게 세상을 보는 시각이 비슷하게 형성된 듯하다. 물론 그러면서 우리들의 가치관도 같아지고 이상까지 서로 비슷해진 것 같다.

다음으로 우리를 절친으로 묶어 준 것은 서로에 대한 '신뢰'였다. 무엇보다 공통된, 그래서 '서로 통하는'共通 세계관을 가졌기 때문에 신뢰는 자연스레 뒤따라 왔다. 연약함이든 약점이든 서로 숨기지 않았고, 숨길 것도 없었다. 그러니 서로 '겉'과 '속'이 일치한다는 걸 믿게 되었고, 약점도 이해하게 되었다. 또한 내 절친들은 동양인인 나에 대해 민족적·인종적 편견을 품지 않았다.

네덜란드 친구들 이야기를 하다 보니 한 가지 추억이 떠오르는구나. 거기서 만난 한국인 목사님 한 분이 가난한 유학생인 내게 오래된 중고차를 그냥 주신 일이 있다. 당시 면허증도 없던 나는 무작정 차를 끌고 나가 고속도로를 달렸다. 다행히 사고는 나지 않았지만, 차가 고장이 나서 고속도로에서 오도 가도 못하는 처지가 되고 말았다. 도움을 요청할 데라곤 두 친구들밖에 없었지. 어찌어찌 어렵사리 연락이 닿아서 두 친구가 내 발이 묶인 고속도로로 차를 몰고 왔다. 고장 난 차는 견인차가 끌고 가고, 이 할아비는 친구들 차를 타고 집으로 무사히 돌아갔다. 그날 이후 고장 난 차는 폐기 처분했고, 난 면허증을 따려고 여러 번 면허 시험을 봤다. 물론 일곱 번의 시험에 번번이 불합격하여 결국 면허증은 못 딴 채 귀국했지만 말이다. 내 '절친'들을 만나면 그때 얘기를 하면서 서로 박장대소한단다.

그런데 10년 정도 유학을 다녀오니, 정작 중고생 시절이나 대학 때 사귄 친구들하고는 거의 관계가 끊어져 버렸다. 편지도 쓰고 서로 연락을 주고받기도 했지만, 해외에서 그렇게 오랫동안 연락을 주고받기는 쉽지 않은 일이었다. 앞에서 할아비가 우정을 나무에 비유했었지. 이처럼 우정도 꾸준히 자라도록 돌보고 노력하지 않으면 더 이상 자라지 않거나 말라 버린다는 걸 그때 알았다. 그래도 교회 다니는 친구들은 같은 신앙 때문에 다시 만나게 되었단다.

지금 너희들에게도 단짝 친구들이 있겠지. 서로 같은 유치원을 다녔을 수도 있고, 수학여행이나 캠프, 동아리 활동 등을 함께하며 즐거웠던 추억을 공유하고 있을지도 모른다. 그런데 점점 더 자라 성인이 되고 나면 어린 시절의 공통된 경험 정도만으로는 '절친'으로 계속 남아 있기가 쉽지 않다. 그런 점에서 세계관과 신앙 같은 가치와 정신의 영역에 공통점이 있느냐 없느냐가 굉장히 중요한 우정의 요소가 아닌가 한다.

'좋은' 친구를 사귀는 '특별한' 기준?

《나니아 연대기》를 쓴 C. S. 루이스 교수를 아는지 모르겠다. 그 책이 판타지 영화로도 개봉되었으니 영화를 봤을 수도 있겠구나. 옥스퍼드와 케임브리지 대학에서 영문학을 가르쳤던 루이스 교수는 《네 가지 사랑》The Four Loves란 책을 썼지. 이 책에서 그는 사랑을 네 범주—애정Affection, 우정Friendship, 에로스Eros, 자비Charity—로 나누어 이야기하는데, "우정이 가장 생물학적 요소가 적다"고 말했다. 가족, 친척이라는 혈연관계와 가장 무관한 사랑이라는 의미지.

우리는 외롭거나 고민이 있을 때 우정을 힘입어 심리적 안정감을 누릴 수 있다. 살아가다 보면, 가족이 있어도 외로움을 느낄 수 있고 또 가족에게 털어놓기 어려운 고민이 있을 수 있다. 그럴 때 마음을 터놓고 얘기할 수 있는 친구가 있다는 건 얼마나 큰 위안이며 복인지 모른다. 가족에게서 공급받는 안정감과 아늑함이 분명 있지만, 우정을 통해 경험하는 즐거움은 다른 차원의 안정감을 준다.

그러면 좋은 친구란 어떤 친구일까. 조선 후기 실학자로 《북학의》를 쓴 박제가는 우정에 관해 다음과 같은 글을 남겼다.

"어떤 벗에게는 말하고 싶은 것이 있어도 입 밖으로 나오지 않지만, 어떤 벗에게는 말하려 하지 않아도 저절로 입 밖으로 튀어나오기도 합니다. 우리는 이 두 경우에서 사귐의 깊이를 짐작할 수 있습니다."《맑은 바람이 그대를 깨우거든》, 66면)

마음속에 할 말이 가득한데도 굳이 속내를 꺼내 보이고 싶지 않은 친구가 있는가 하면, 말할 생각이 없었는데 얼굴만 보면 저절로 말이 술술 흘러나오게 되는 친구가 있다. (물론 서로 친하기 때문에 편해서 저절로 말이 입 밖으로 나오는 걸 수도 있다.) 그러나 평소 말과 행동을 통해 '저 친구 참 믿을 만하구나' 하는 믿음, 곧 신뢰를 주는 사람이 있다. 그런 사람이라면 지금 친하지 않더라도 언제든 좋은 친구가 될 수 있는 것이다.

박제가의 스승이자 《열하일기》를 쓴 연암 박지원은 "내가 비로소 친구 사귀는 법도를 알았다"면서 "그가 어떤 사람을 친구로 삼는지, 또 어떤 사람을 친구로 삼지 않는지를 보고 나서 그를 친구로 사귀겠다"고 했다. 곧 그 사람이 사귀는 친구들을 보면 그 사람이 어떤 사람인지 알 수 있다는 말일 게다.

이 할아비가 생각하는 좋은 친구란 무엇보다 '교양'이 있는 친구다. 교양이란 다른 사람을 배려하는 태도이며, 자신에게 정직하고 책임을 다하는 자세이자, 힘을 함부로 휘두르지 않고 법과 질서를 지키는 것을 말한다. 겉보기에 외적인 조건을 잘 갖춘 사람보다는 내적인 품성과 교양을 갖춘 사람이 좋은 친구가 될 수 있다.

친구를 가리지 않고 두루 많이 사귈수록 좋은 거 아니냐고? 그럴 수도 있겠지. 그런데 같은 반 친구라고 해서 모두 다 친하게 지내는 건 어렵지 않을까? 인간은 누구나 서로 특별히 아끼고 생각해 주는 관계 안에 있을 때 큰 안정감과 행복감을 누리는 법이다. 연인이라면 주위의 많은 사람들에게서 떨어져 나와 둘만의 시간을 기대하기 마련이며, 오붓한 둘만의 관계에서 더 큰 행복감을 경험한다. 우정도 마찬가지다. 여럿이 모인 집단 안에 있기보다는 둘씩 셋씩 따로 분리되고 싶어 한다. 연인 관계가 그렇듯 우정 관계에도 '선택'이 필요한 것이다. "우정이란 소수를 따로 선택하는 일"이라는 루이스 교수의 말이 바로 그런 뜻이다. 우정에서 중요한 건 '친구가 몇 명인가'가 아니라 '그가 어떤 친구인가' 하는 거란다.

'지음'의 친구를 찾고 만나길…

너희 가운데 혹시 어떤 친구와 친해지고 싶어 선물을 하거나 떡볶이를 사 주거나 해서 마음을 얻으려 한 적이 있는지 모르겠다. 할아비 생각엔 그렇게 해서 좋은 친구를 사귈 수 있을 것 같진 않구나. 설령 얼마 동안은 잠시 친구가 된 것처럼 느껴질지 몰라도, 그렇게 해서 좋은 우정을 키워 나가기란 어려운 일이다.

성경 잠언서에 보면 이런 구절이 있다.

재물은 친구를 많이 모으나, 궁핍하면 친구도 떠난다(잠 19:4).

내 부유함을 보고 친구가 되는 사람은 내가 아닌 돈을 좋아하는 것이다. 그런 친구는 내가 가난해지면 곧바로 나를 버릴 것이다. 그러니 선물이나 돈으로 마음을 얻을 수는 없는 일이다. 이게 잠언서의 구절이 전해 주는 가르침이다.

친구 관계에서 우정이 자라 가고 깊어지려면 상대를 먼저 배려해야 한다. 모든 인간관계의 갈등은 내가 좀 더 덕을 보고 이익을 얻겠다는 데서 비롯한다. 내가 좀 손해를 봐도 괜찮다는 마음가짐이라면 인간관계에서 달리 문제 될 일은 없지 않을까.

가족을 떠올려 보자. 가족끼리는 서로 상대를 좀 더 배려해 주는 관계지 내가 상대를 통해 덕 보겠다는 관계가 아니다. 서로 상대에게 덕 보겠다는 심산을 품고 있다면 그건 가족 관계라기보다는 이익과 손해에 기초한 '이해관계'利害關係일 수밖에 없다. 이해관계는 무엇보다 자기 목적을 위해 상대방 또는 관계 그 자체를 이용하려 한다. 자기 이익이 가장 중요하기 때문에 상대방을 수단으로 삼는 것이다. 반면에 우정은 관계의 상대가 수단이 아니라 목적이기에, 끊임없이 그의 유익에 관심을 쏟는다. 상대를 배려하고 우선할 수밖에 없는 이유가 여기 있다.

백아와 종자기라는 두 친구의 우정에 관한 중국 옛이야기가 있다. 거문고를 잘 타는 백아가 높은 산을 오르는 상상을 하면서 말없이 연주하면 종자기가 옆에서 "갑자기 태산이 눈앞에 나타나는 느낌이 든다"며 감탄했고, 흐르는 강물을 떠올리며 연주하면 "강물이 유유히 흘러가는 것 같다"며 놀라워했다. 여기서 '지음'知音, 거문고 연주 소리를 듣고 친구의 속마음을 안다는 뜻이라는 말이 나왔지. 그런데 종자기가 병으로 먼저 세상을 떠나 버리자, 혼자 남은 백아는 거문고 줄을 끊고 거문고도 부수어 버렸다는구나.

인간은 사회적 동물이기에 외딴 섬처럼 저 홀로 살아갈 수 없다. 너희가 학교생활을 통해 무수히 많은 또래들을 만나지만, 그렇다고 모든 친구들과 스스럼없이 속마음을 털어놓는 관계가 될 수는 없다. 참된 우정은 인생의 비타민 같아서 앞으로 너희들이 살아가는 동안 힘들고 지칠 때마다 용기와 위로를 얻게 해 줄 거다. 앞으로 살아가면서 굳이 말하지 않아도 속마음을 알아차리는 '지음'의 친구를 꼭 만나기 바란다. 또 너희 자신이 먼저 그런 친구로 성장해 가기 바란다.

물 음 표 셋,

때로는 가족이
왜 제일 힘든 걸까요?

　　지금 할아버지 할머니와 함께 사는 친구들이 있니? 모르긴 해도 굉장히 드문 일일 것 같구나. 내가 어렸을 적엔 할아버지 할머니도 한 지붕 아래 함께 사셨다. 잠도 할아버지와 같이 잤고, 두 분과 많은 시간을 함께 보냈지. 이제 내가 할아버지가 되어서 손녀를 키워 보니까 자식 키우는 것과는 사뭇 다르더구나. 자식을 키울 때는 아무래도 바르게, 잘 가르쳐야 한다는 교육의 부담이 크게 마련이다. 그런데 할아버지가 되어서 손녀를 키워 보니까 마냥 예뻐서 품어 주고 다 받아 주게 된다. 돌이켜 보면 우리 할아버지 할머니도 내게 그러셨던 거 같다. 그 시간이 내게는 참 마음 푸근하고 넉넉한 시절이었지.

우리에게 **가족**은 어떤 의미일까?

이 할아비가 생각하기에 가족, 가정이 주는 가장 큰 의미는 심리적 안정감에 있다. 마음의 평안, 위로 말이다. 가족이, 가정이 그 역할을 못하면 큰일 난다. 무슨 일이 있어도 내가 의지할 곳, 돌아갈 곳이 있다는 그 심리적 안정감을 제공해 주는 게 가족의 가장 막중한 역할이다. 이것에 실패하면 경제적 여유나 다른 무엇을 다 안겨 준다 해도 완전히 실패한 거다.

특히 부모님이 이혼하는 경우, 자녀들에게는 무엇보다 크나큰 배신감이 생겨난다. 그건 너희들에게 하늘이 무너지고 땅이 꺼지는 듯한 충격일 거다. 심리적으로 엄청난 상처가 남는 것이다. 혹시 부모님의 이혼으로 인해 상처 입은 친구들이 있을지도 모르겠다. 마음 깊은 데서부터 솟는 부모님에 대한 원망과 미움 때문에 힘겨워하고 있을지도 모르겠구나. 그 힘겨움을 무엇으로, 어찌 위로할 수 있겠니. 그렇다고 계속 미워하고 원망만 한다면 그건 아무 소용이 없을 뿐더러 자신에게도 해로울 뿐이다. 신앙 공동체의 친구나 선생님에게 마음의 고통을 털어놓고 영적 사귐을 통해 도움을 받으면 좋겠구나. 신앙 공동체를 통해 신뢰와 사랑을 나누는 것이 가장 바람직할 것이다. 그러다 성인이 되면 일찍 결혼을 해서 부부가 서로 신뢰하고 의지하며 살아 나가면 더없이 좋겠지.

가족은 무엇보다 서로 온전히 믿을 수 있어야 한다. 그게 가족이다. 가족의 사랑을 말할 때 그 핵심은 '믿음'이다. 그게 제일 중요하다고 생각한다. 그렇기에 나는 가족 중 누군가가 병을 앓거나 빚을 지거나 할 경우 끝까지 돕는다는 원칙을 갖고 있다. 성경에 보면 "남의 빚에 보증을 서지 말라"(잠 22:26)는 구절이 있긴 하지만, 자기 가족의 일이라면 빚보증이라도 서야 한다는 게 내 생각이다. 가족이라면 그 정도는 되어야 하지 않겠니.

디모데전서 5장 8절에 보면 "누구든지 자기 친척 특히 자기 가족을 돌보지 않으면, 그는 벌써 믿음을 저버린 사람이요, 믿지 않는 사람보다 더 나쁜 사람"이라는 말씀이 있다. 이 말씀을 '가족을 돌보지 않는 사람은 기독교 신앙을 저버린 것이고 믿지 않는 사람보다 악하다'는 뜻으로 해석하기 마련이다. 그러나 '가족을 돌보지 않는 건 가족이 우리에게 가진 믿음을 저버리는 것이며, 믿지 않는 사람들도 그렇게 하지 않기에 그들보다 더 악하다'가 옳은 해석이라고 본다.

중학교 때부터 자취를 하며 학교를 다닌 나는 고등학교, 대학교 시절은 물론 나중 유학 중에 결혼하여 가정을 이루기까지 줄곧 가족과, 특히 부모님과 일찍부터 떨어져서 생활했던 셈이다. 중학생 시절 자취하면서 학교 다니기가 외롭지 않았냐고? 집이 경주에서 기차를 타고 가야 하는 시골에 있긴 했지만, 마음만 먹으면 얼마든지 갈 수 있는 거리였으니까 그다지 외롭다는 느낌은 없었다. 오히려 결과적으로는 독립심을 키우는 데 도움이 되지 않았나 싶다. 게다가 교회를 다니기 시작하면서 속하게 된 신앙 공동체가 있었기에 마음이 든든했다. 그때 교회 활동을 참 열심히 했는데, 그렇게 가까이 지내는 공동체가 있다는 게 굉장히 좋았다. 어쩌면 혈육보다도 이런 공동체가 더 좋을지도 모르겠구나. 혈육을 나눈 가족은 분명 서로 아끼고 정이 통하여 좋으나, 어느 정도 성장하면 서로 다른 가치관(특히 신앙이 맞지 않을 경우) 때문에 충돌이 일어나기도 하니 가족보다는 오히려 (신앙) 공동체가 훨씬 더 가깝고 편하게 여겨질 수 있다.

세대 차이? 없는 게 이상한 일!

너희들이 이미 경험했거나 이제 겪고 있을지 모르겠다만, 어떤 계기로 부모님과 틈이 벌어지거나 때때로 벽 앞에 선 듯 답답한 느낌을 받을 때가 있을 것이다. 이럴 때 흔히 '세대 차이'라는 말을 쓰기도 한다. 그런데 이 세대 차이라는 걸 문제시해선 안 된다. 생각해 보아라. 부모님들이 성장하던 시대와 너희들이 성장기를 보내는 시대는 문화나 환경의 차이가 크다. 성장 환경과 생활 방식life style이 다르니까 생각이나 사고방식이 서로 다른 건 오히려 자연스럽고 당연한 일 아니겠니. 어쩌면 그 차이가 윗세대와 아랫세대 간에 서로 선한 자극으로 작용할지도 모른다.

내 경우도 아버지와 오손도손 대화를 많이 나누지는 못했다. 아버지는 당시 마음속에 일종의 한탄 같은 걸 품고 계셨다. 머리가 좋았음에도 시대에 걸맞은 교육을 받지 못하셨기에, 그걸 한恨처럼 품은 채 술을 자주 드시는 편이었다. 평상시 자주 술집에 가시거나 바깥나들이를 하셨다. 대화를 자주 못했지만, 그렇다고 별다른 갈등이 있지도 않았다. 당시 아버지는 일찌감치 "이젠 내 세상이 아니라 너희 세상이다"라고 말씀하시며 자식들에게 상당한 자유를 허락하셨다. 특히 신앙 문제에 대해선 일절 간섭하지 않으셨지. 아버지께서 가문의 제관祭官, 제사를 맡은 책임자 역할을 하시는 분이었던 데다 온 가문의 제문祭文, 제사 때 읽는 글을 도맡아 쓰셨기 때문에 자식들이 교회 다닌다고 하면 굉장히 심각한 사태가 생길 수도 있었다. 그런데 "이젠 너희들 세상이다" 하시면서 자식이 제사 지내지 않는 걸 나무라지도, 간섭하지도 않으셨다. 어머니도 그러셨고.

중학생 시절, '세대 차이'라는 주제로 쓴 내 글이 생각난다. 그때 나는 꽤나 당돌한 주장을 펼쳤지. 이를테면 "우리(신세대)가 구세대를 이해해야 한다"는 요지였다. 구세대가 우리를 이해하는 건 쉽지 않은 일이니, 오히려 우리 신세대가 구세대를 이해하는 게 바람직하다고 생각했던 모양이다.

너희들이 부모님에게서 세대 차이를 느끼는 게 자연스러운 일이듯, 부모님 세대가 너희들 세대를 잘 이해 못하시는 것도 어쩌면 당연한 일인지 모른다. 오히려 너희들이 부모님 세대를 이해하려고 노력해 보는 건 어떨까. 할아비가 너희만 했을 때 가졌던 생각처럼, 자식 세대가 부모님 세대를 먼저 이해하는 일 말이다.

물론 쉽지 않은 일이란 건 나도 잘 안다. 이제 너희들도 사고하고 판단할 수 있는 나이가 되었으니 무엇보다 부모님이 강요하거나 지시하는 말은 받아들이기 어려울 게다.

"아버지 말에 무조건 따라라."

"내가 엄마니까 시키는 대로 해."

부모님에게 이런 말을 들으면 오히려 반발심이 먼저 생겨날 거다. 그럴 때 너희가 어떻게 반응하는지 생각해 보기 바란다.

"……"

"싫어요."

침묵이나 강한 부정, 자리를 먼저 휙 떠나 버리거나 문을 쾅 닫아걸어 버리지는 않았니? 그런 식으로 반응하면 서로 틈이 더 벌어지고 불신의 벽은 더 높아지고 단단해지기만 할 뿐이다. 할 수만 있다면 부모님께 '대화'를 요청하면 좋겠구나. 아버지 어머니께 드릴 말씀이 있다고, 그렇게 일방적으로 명령하듯 말씀하시기보다 대화를 통해 차분히 설득해 달라고, '울타리'를 너무 좁게 쳐놓고 모든 행동을 통제하려고 하시면 오히려 반발심이 커지고 뛰쳐나가고 싶어지니까 울타리 범위를 좀 더 넓혀 달라고, 너희들 편에서도 이렇게 대화를 시도해 보면 어떨까 싶구나.

대체로 너희들이 '하고 싶은 것'과 부모님들이 '제제하는 것'이 자주 부딪칠 것이다. 그때 부모님 편에서는 할 수 있는 한 울타리를 넓게 쳐주고 그 안에서 스스로 판단해 나가도록 적절한 조언과 충고로 이끌어 주어야 할 것이다. 그러나 너희들 또한 도덕적·법적 울타리를 넘으려 해서는 안 된다. 친구나 타인에게 폭력을 행사하거나 남을 심각하게 속이는 일, 성적 순결 문제 등은 너희들 인생에 크나큰 상처로 남을 수 있는 일이다. 어느 부모라도 이런 일을 너희들 마음대로 하도록 내버려 둘 수는 없는 노릇이다. 그건 결코 사랑이 아니다.

부모님, 특히 '아버지'와 소통하는 법

누가복음에 나오는 '탕자의 비유'를 잘 알고 있지? 집 나간 아들을 매일같이 기다리던 아버지가 저기 멀리서 돌아오고 있는 아들의 모습을 단박에 알아보고 뛰어가 껴안는 장면이 나오지 않니. 이 이야기는 '자식이 아무리 못된 짓을 해도 나는 네 부모이고, 너를 절대 버리지 않는다'는 부모의 사랑을 보여 준다.

이런 확신을 심어 주면, 자녀들은 결코 자기 마음대로 엇나가는 법이 없다.

그런데 가족 관계에서 대개 어머니보다는 아버지를 힘들어하는 경우가 많단다. 왜 그럴까? 내가 보기에 대부분의 아버지가 자녀에 대해 많은 기대를 품기 때문인 듯하다. 게다가 대다수 아버지들이 어머니보다는 좀 더 권위적이고 강압적으로 자식을 대하는 경향이 있다. 엄부자모嚴父慈母, 곧 '아버지는 자식을 엄하게 대하고 어머니는 자애롭게 돌봐야 한다'는 가르침도 있듯이 가정에서 엄한 역할을 아버지가 주로 맡는 것이다.

이 할아비가 초등생 시절에 아버지께 한자로 된 《소학》小學을 배울 때, 책이 몇 번이고 마당에 날아가곤 했다. 초등생 아이가 그걸 따라가기 쉽지 않았음에도 아버지 기준에는 성이 차지 않으셨던 모양이다. 그나마 중간에 그만두었기에 아버지와 관계가 더 나빠지지는 않았으니 그나마 다행이랄까.

자식 입장에서 쉬운 일은 아니지만, 아버지와 좀 더 가까워지기 위해 아버지를 이해하려는 노력이 필요하단다. 타협은 정치인들만 하는 게 아니다. 부모님과도 대화와 타협이 필요하다. 아버지께 순종하는 모습을 보이면서 타협해야 한다. 그게 참 어려운 일이다만, 그래도 이 세상에 믿을 존재는 부모님이라는 점을 잊지 말아야 한다. 너희를 다그치고 꾸지람하는 모든 것이 너희를 위한 일이고 사랑하기 때문이라는 믿음을 가져야 한다.

너희들을 미워해서 부모님들이 야단치는 거라고는 추호도 생각지 마라. 자식을 정말 미워하는 게 뭔지 아니? 그건 바로 '무관심'이다! 그것만큼 나쁜 건 없다. 한번 생각해 보아라. 내가 아무렇게나 행동하고 엉망으로 살아도 아무도 신경 쓰지 않는다는 게 얼마나 비참한 일인지.

부모님과 대화하고 소통하는 방법으로 아주 좋은 건 '편지 쓰기'다. 말로 대화하다 보면 감정이 격해지고 말이 함부로 튀어나오기도 하지만, 글로 쓰는 건 좀 더 차분히 생각하면서 할 수 있기에 좋다. 게다가 얼굴을 보면서 하기 어려운 이야기도, 글로는 한결 편안하고 솔직하게 털어놓을 수 있기에 훨씬 더 효과적이다. 이메일이나 손 글씨 편지로 공손하게 여러 가지 불만 사항과 요청 사항을 차분히 써서 보내면, 부모님 반응도 달라질 수 있다.

혹시 부모님이 교회를 다니지 않는 가정의 친구들이라면 신앙 문제로 갈등이 생길 수 있을 거다. 그런 상황에서 무조건 신앙의 자유를 부르짖으면서 부모님과 맞서려 하는 건 지혜롭지 못한 일이다. 오히려 교회 다니기 전보다 공부도 더 열심히 하고 집안일도 더 자주 돕는다면, 어떤 부모들이 그걸 싫어하겠니. 교회 다니면서 공부를 소홀히 하거나 밤늦게 집에 들어오거나 한다면 그건 스스로 문젯거리를 만드는 거나 마찬가지다. 신앙에 해가 되지 않는 것은 더 철저히 순종하고 따르고 적극적으로 임

해야 한다. 그러면 차츰 신앙생활에 대한 부모님의 인식이 변화되어 갈 것이다.

우리가 서로 **완전**해서 사랑하는 건 아니다

때로 가족 안에서 안정보다는 불안을 경험할 때, 자신의 존재감을 느끼지 못할 때, 그리고 '집'이 집'구석'으로 추락할 때, 문득 집을 나가고 싶은 충동을 강하게 느껴 본 적 있을 것이다. 그럴 때 부디 순간적인 감정으로 결정하고 행동하지 말기 바란다. 자신이 집을 뛰쳐나갔을 때 어떤 결과가 생길지 생각해 보면서 인내심을 발휘할 필요가 있다. 가출했을 때와 하지 않았을 때, 그 결과를 스스로 생각해 보고 비교해 보아야 한다. 집에 있을 때 도저히 생존이 불가능할 것 같은 생명의 위협을 느낀다면 나가는 수밖에 다른 도리가 없겠지. 그러나 대부분의 경우, 집을 나갔을 때 안 좋은 결과가 생긴다. 그러니 할 수만 있다면 신앙 공동체의 지도자나 친구에게 도움을 청하거나 위로를 구하여 상황을 이겨 내야 한다.

어려운 가정에서 자란 사람의 경우, 두 가지 극단이 있을 수 있다. 극단적 냉소가 생겨서 세상을 회의하고 자포자기하는 사람과, 세상과 인간을 더 잘 이해하게 되어 놀라운 작품을 창작해 내는 사람. 내가 아는 한 미술가 중에도 가족 관계 문제로 굉장히 힘들어한 사람이 있지. 그의 작품이 늘 어두웠음에도 예술적 가치는 상당히 높게 평가받았었다. 결국 이혼을 하고 재혼한 뒤로는 작품 분위기가 밝아졌는데, 미술적 가치는 예전의 어두운 그림이 훨씬 높게 평가받는다는구나.

사랑하는 친구들아. 지금 너희들은 예전에는 잘 보이지 않던 부모님의 허점이나 연약함이 하나둘 선명히 눈에 들어와 실망하거나 반발하기 쉬운 시기를 지나고 있는 중이다. 부모가 완벽한 사람이 아니라는 걸 발견하는 건 좋은 일이다. 일생 동안 부모가 너무 존경스럽고 완벽해 보인다면 그게 오히려 이상한 일이지. 이 세상 모든 부모가 다 완벽하지는 않단다. 너희들도 나중에 커서 부모가 되면 너희 자녀들이 너희를 그렇게 바라볼 날이 올 거다. 누군가를 완벽해서 사랑하는 건 아니지 않니? 불완전하고 불만족스러워서 존경하고 사랑하지 않겠다는 거야말로 어리석은 착각이다.

요즘에는 가족의 정의가 많이 바뀌고 있다. 과거와 달리 '핏줄'이 가족의 기본 바탕이 되는 시대는 이미 지나가고 있다. 입양이 늘어나면서 혈연이나 생물학적 요소를 뛰어넘어, 서로를 향한 절대 신뢰와 신실함으로 배신하지 않을 거라는 의지를 갖는 게 중요해졌다. '아가페'Agape, 신적인 사랑와 '에로스'Eros, 이성 간의 사랑를 비교해 놓은 유명한 구절이 있다.

"아가페는 사랑이 욕망의 원인이고, 에로스는 욕망이 사랑의 원인이다."

아가페는 본능과 감정을 넘어서는 사랑이다. 감정이 아닌 '약속'에 의한 사랑, 곧 하나님의 사랑이 아가페다. 에로스는 감정에 의한 사랑을 말한다. 날이 갈수록 혈연관계가 점점 더 약해질 것이므로 약속과 신실함에 근거하여 서로 의지하고 아끼는 것, 그것이 우리가 추구해야 할 가족의 모습이다.

얼마 전 방송국에 일이 있어 갔다가 네덜란드로 입양되어 간 사람을 만났다. 그 사람 모습이 그렇게 밝고 행복해 보일 수 없더구나. 그는 친엄마를 찾으러 온 것이었지. 네덜란드의 자기 가족 중에는 인도와 남미에서 입양되어 온 형제들도 있고, 부모님이 직접 낳은 자녀도 있다고 했다. 그의 가족은 모두 그리스도인으로서 이미 혈연관계를 넘어 사랑의 약속과 신실함으로 연결된 믿음의 가정을 이루고 있었다.

때로는 피를 나눈 가족이 생판 모르는 남보다 못할 때가 있다. 가까운 이웃이나 친구가 오히려 더 가족같이 느껴질 때도 있지. 여기서 잠시 생각해 보자. 남이 가족처럼 느껴지는 건 대개 그들이 기꺼이 나를 위해 헌신하고 희생하고 배려할 때가 아니었는지. 그들이 자기 몫 먼저 생각하고 챙기는 이기주의자처럼 구는데도 가족처럼 느꼈는지.

좀 더 생각해 보자. 정작 나는 가족 안에서 이기주의자처럼 굴지 않았는지. 가족을 위해 기꺼이 자신을 내어놓고 헌신하며 그들을 배려한 적이 있는지. 오히려 우리 가족에게는 없거나 부족한 것들만을 불평하고 불만스러워하면서 지내지 않았는지.

사회에서든 가정에서든 사람 사는 곳이라면 어디나 다 통하는 중요한 원칙이 있다. 무조건 내가 손해 보면 된다. 감정적으로든 물질적으로든, 내가 손해 보면 된다는 생각으로 살면 많은 문제가 풀린다.

손해 보라는 게 무슨 엄청난 피해를 받아들이라는 얘기가 아니다. 누구나 싫어하고 귀찮아하는 일을 먼저 나서서 하는 게 바로 손해 보는 일이다. 쓰레기 버리기, 설거지, 화장실 청소, 빨래 널기와 개기…. 이런 일이 모두 손해 보는 일인 거다. 그러니 친구들, 오늘 우리 가족을 위해 기꺼이 '손해' 보는 일을 해보면 어떨까? 그럴 때 가족도, 나 자신도 새로운 모습으로 다가올 것이다.

2장

억지로 하는 거 딱 질색이에요!

물 음 표 넷,

지금
꼭 진로를 정해야 해요?

어린 시절, 나는 사람들에게 감동을 안기는 멋진 시인을 꿈꾸었다. 아름다운 이야기를 쓰는 소설가가 되고도 싶었다. 그로부터 어언 60여 년이 흘렀다. 그동안 나는 영문학과를 나와 미국에서 신학을 공부했고, 다시 네덜란드로 가서 철학을 공부하고 돌아와 대학교수로 강단에 섰지. 한편, 우리 사회가 좀 더 건강하고 윤리적인 공동체로 변화하기를 바라는 마음에서 기독교 사회운동을 해왔다.

칠순이 넘은 지금도 나에게는 꿈이 있다. 그 이야기는 이 편지의 말미에서 잠시 얘기하겠지만, 오늘은 너희들의 꿈과 장래 진로에 대한 이야기를 좀 할까 한다.

청소년기의 꿈은 시시각각 바뀌는 법

내가 너희만 했던 시절엔, 다들 시인이나 소설가가 되고 싶어 했다. 그땐 시인이나 소설가의 인기가 대단했지. 그때만 해도 돈 버는 데 관심이 많지 않아서 그랬을 것이다. 과학책을 읽으면 과학자가 되고 싶어 했고, 소설이나 시를 읽으면 문학가가 되고 싶어 했다. 다들 그랬던 시절이었다.

내가 중고생 때부터 대학교수나 철학자가 되고 싶었냐 하면, 전혀 그렇지 않았다. 그 시절 나는 어떤 목표 의식도 없었고, 어느 한 방향을 정해 놓고 전력질주하지도 않았다. 전혀! 국어 시간에는 멋진 시인이 되고 싶다가도, 과학 시간이 되면 훌륭한 과학자가 되고 싶었다. 정한 바가 없었단 얘기다. 대학생이 되어 다른 친구들이 저마다 자기 진로나 목표를 정했을 때도 나는 여전히 막연한 상태였다. 그 무렵 졸업한 동기생들 중에는 은행에 취직하는 친구들이 제일 많았는데, 그건 은행원이 최고 인기 직업이었기 때문이다. 나중에 내가 철학을 공부할 때에도 철학 자체에 대단한 야심을 가진 건 아니었다. 일생을 철학에 바치겠다는 그런 사명감을 품은 것도 아니었다.

요즘 너희들을 보면 일찍부터 적성 검사다 진로 교육이다 해서 앞으로 무슨 일을 할지, 어떤 직업을 가질지 다들 선택하고 결정하는 모양이더구나. 그러다가는 청소년기에 자기 진로를 정하지 못하거나 꿈을 갖지 못한 친구들은 아무 생각 없이 사는 사람인 양 여겨지기 십상이겠더라. 그런데 청소년기의 꿈이라는 건 시시각각 바뀌는 법이다. 누구보다 내가 그랬다. 너무 일찍부터 삶의 목표를 정하고 오랫동안 그 목표에 매달리고 몰두하면 자칫 삶을 가난하게 만들 수 있다. 너희들만 한 시기에는 이것도 생각해 보고, 저것도 관심 가져 보는 게 좋다.

나의 10대 시절, 내 주위에는 요즘처럼 그렇게 일찍부터 목표를 세우고 꿈을 정해 도전하는 친구가 없었다. 당시 부모님들 열 가운데 일고여덟은 자식이 판사나 검사가 되기를 원하셨지만, 우리 생각은 달랐다. 그래도 우리 때가 지금 너희들 때보다 나았던 것 같다. 꿈을 꿈으로 품고 성장했으니까. 요즘은 프로게이머, IT 전문가, 프로골퍼, 피겨 스케이터처럼 꿈을 굉장히 구체적이고 현실적으로 말하더구나. 그건 장래 희망 직업을 꿈이라고 착각하는 거란다. 그렇게 현실적인 건 꿈이라고 할 수 없다.

*꿈*은 원래 비현실적인 것

꿈이라는 건 본래 비현실적인 것이다. 학교생활기록부에 넣기 위해 적어 내는 '장래 희망'이나 '진로'는 꿈이라고 할 수 없다. 그건 장래에 일하고 싶은 '직업'에 가까운 것이다. 지극히 현실적인 장래 직업이나 진로 같은 것을 두고 꿈이라고 하진 않는다. 모름지기 높은 이상이 깃들어 있어야 꿈이라고 할 수 있다. 요즘 같은 시대에는 꿈조차 천박해진 게 아닌가 싶다.

너희들처럼 한창때는 가장 멋진 것, 고상하고 훌륭한 어떤 것을 품어야 한다. 서울시장이나 대통령이 되겠다는 건 꿈이 아니다. 살기 좋은 세상을 만드는 위대한 정치가가 되겠다고 해야 꿈이라 할 수 있다. 숭고하고 고상한 이상을 가슴에 품고 사는 건 너희들만의 특권이다. 그건 아직 인간의 한계, 인생의 한계를 제대로 경험하지 않았기에 가능한 일이다. 그게 얼마나 좋은가.

물론 일찍이 장래 희망 직업을 택하고 결정하는 것 자체가 나쁘다는 건 아니다. 그러나 거기 얽매일 필요는 없다. 세상도 바뀌고 환경도 수시로 달라지니까 얼마든지 바꾸거나 바뀔 수 있다. 요즘엔 스포츠 선수들도 연예인처럼 스타가 되는 추세라 그런지 장래 희망을 프로골퍼나 피겨스케이터로 정한 어린이들이나 10대들이 많다. 그런 현상을 나무랄 수는 없을 것이다. 다만 특별한 분야를 일찍 택하려 할 때에는 전문가의 지도와 도움을 받아서 결정할 필요가 있다. 한번 시작하면 다른 분야로 넘어가거나 바꾸기가 어려우므로 정말 좋아하는지, 자질이 있는지, 적성에 맞는지, 전문가의 지도를 통해 신중히 결정해야 한다.

장래 직업이나 진로와 관련해 '거창고등학교 직업 선택 10계명'을 접해 봤는지 모르겠다. 좀 극단적 표현이 나오긴 하지만, 요점은 유행을 따라서 세상 모든 사람들 욕망하는 것을 추구하지 말고 좁은 길로 가라는 얘기다. 내 보기엔 소중한 가르침 같아 여기 소개한다.

<u>거창고 직업 선택 10계명</u>

- 제1계명. 월급이 적은 쪽을 택하라.
- 제2계명. 내가 원하는 곳이 아니라 나를 필요로 하는 곳을 택하라.
- 제3계명. 승진의 기회가 거의 없는 곳을 택하라.
- 제4계명. 모든 것이 갖추어진 곳을 피하고 처음부터 시작해야 하는 황무지를 택하라.
- 제5계명. 앞을 다투어 모여드는 곳은 절대로 가지 마라. 아무도 가지 않는 곳으로 가라.
- 제6계명. 장래성이 전혀 없다고 생각되는 곳으로 가라.
- 제7계명. 사회적 존경 같은 건 바라볼 수 없는 곳으로 가라.
- 제8계명. 한가운데가 아니라 가장자리로 가라.
- 제9계명. 부모나 아내가 약혼자가 결사반대를 하는 곳이면 틀림없다. 의심치 말고 가라.
- 제10계명. 왕관이 아니라 단두대가 기다리고 있는 곳으로 가라.

세상 모든 사람들이 탐내고 욕심내는 것을 따라가겠다면서 그걸 꿈이라고 말하는 건 참 서글픈 일이다. 돈을 많이 벌겠다는 건 꿈이 아니다. 그건 모든 인간이 원하는 것으로, 동물적인 본능에 충실한 삶일 뿐이다. 돈을 벌어서 형편이 어려운 사람들이나 돈이 없어 학업을 못 이어 가는 학생들을 돕겠다는 게 꿈이다. 대통령이 되겠다는 건 대단한 야심이긴 하지만 꿈이 아니다. 모든 국민들이 수준 높은 문화인이 되는 멋진 나라를 만드는 훌륭한 대통령이 되겠다는 게 꿈이다. 그러니 유행을 따라 살지 말고, 동물적 본능을 거슬러 사는 게 중요하다.

"뭘 해야 할지 잘 모르겠어요"

너희들 중에는 장래에 무슨 일을 할지(하고 싶은지) 잘 모르겠다거나 분명하지 않다는 친구들이 있을 게다. 그런 친구들은 스스로 답답해하면서, 장래 진로를 구체적이고 분명하게 말하는 다른 친구들을 부러워할지도 모르겠다. 자신의 장래 희망을 잘 몰라 하고 막연해하는 게 나쁜 건 아니다. 그저 무기력하게 지내는 게 나쁜 것이다. 아직까지 뭔지 모르겠고 막연하게 느껴지겠지만, 앞으로 가치 있고 의미 있는 일을 하며 살겠다는 생각을 지니는 게 중요하다. 분명한 그림이 그려지지 않는다 하여 조급해할 필요가 전혀 없다. 얘들아, 거듭 말하지만 아직은 잘 모르겠다는 게 아무런 문제가 안 된다.

너희들처럼 중고생 시절에 앞으로 뭘 하겠다고 구체적이고도 분명하게 정했던 사람들 중에 지금 자신이 정한 그대로 된 사람이 몇 퍼센트나 될까. 아마 그리 많지 않을 것이다. 대학생 때 자기 전공 살리는 사람도 적고.

지금 너희들 때에는 무엇보다 인격과 지식의 폭을 넓히는 데 힘써야 한다. 지금은 자기 분야 하나만 잘하는 사람을 전문가라 해서 우대하지만, 앞으로 너희들이 어른이 되었을 때는 어찌될지 모르는 일이다. 이미 전문 분야에서도 혼자서 성취할 수 있는 경우가 드물어졌다. 여럿이 팀으로 모여 공동 연구하고 공동 논문을 쓰는 일이 많아지고 있다. 너희들에겐 좀 생소하겠지만, '통섭'이라는 말이 괜히 나온 게 아니다. 통섭이란 서로 이질적인 것들, 서로 다른 분야가 한데 합쳐져서 전혀 새로운 무엇이 만들어지는 것을 말한다. 이제 점점 통섭의 시대가 되어 간다. 그러니 지금부터 여러 분야를 이해할 수 있는 기본 지식과 식견, 다른 사람과 더불어 일할 수 있는 인품, 삶을 풍성하게 하는 예술적 감각을 키워 나가기 바란다.

흔히 창조적인 리더를 꼽을 때, 아이폰이나 아이패드 등을 개발한 미국 애플사의 스티브 잡스를 예로 든다. 그러나 그가 한 분야만 공부해서 그리되었을까. 창조적인 사고는 한 가지에 매달린다고 나오는 게 아니다. 물론 나는 스티브 잡스보다 빌 게

이츠를 더 높이 평가한다. 둘 다 세계적인 갑부가 되었지만, 스티브 잡스는 자기만의 부를 쌓았고, 빌 게이츠는 거의 전 재산을 고통받는 이들을 돕는 재단에 기부했다. 두 사람의 삶을 살펴보면 빌 게이츠는 돈을 '수단'으로 여겼던 반면, 스티브 잡스는 돈을 '목표'로 삼아 동물적 본능에 충실한 삶을 살았다. 둘 다 놀라운 창의력을 지녔지만, 그 창의력을 어디에, 무엇을 위해 쏟았는지가 중요하다. 아무리 탁월한 창의력을 지닌 사람이라 해도, 그 창의력을 사람을 죽이거나 세상을 파괴하는 데 쏟았다면 그걸 위대하다 할 수 있을까. 스티브 잡스가 그랬다는 게 아니다. 그가 자기 창의력으로 사람들에게 편리를 제공한 것은 분명하지만, 그게 그렇게 인류 사회에 크게 공헌한 것인지는 의문이다.

어떤 꿈, 어떤 행복인지가 중요하다

요즘 주목 받고 있는 학문 중에 '행복학'이라는 게 있다. 하버드 대학이나 케임브리지 대학의 인기 과목이기도 하고 여러 방송에서 특집으로 다루거나 이 분야 책이 꽤 많이 팔릴 정도로 인기를 끌더구나. 행복학에서는 '행복한 사람이 성공할 수 있다'고 말한다. 성공하면 행복해지는 게 아니라, 행복이 성공의 전제 조건이라는 거지.

행복이란 아주 단순하게 말하면 '욕망의 충족'이다. 배고플 때 밥을 먹고 목마르면 물을 마시는 것처럼, 욕망이 채워지는 게 행복이라는 거다. 중요한 건 어떤 '욕망'이냐에 따라 행복의 질이 달라진다는 사실이다. 돈을 많이 벌겠다는 욕망과, 불행한 이들을 도와주겠다는 욕망은 하늘과 땅 차이다.

행복 자체를 절대 가치로 여겨선 안 된다. 어떤 종류의 행복인지, 무엇을 이뤘을 때 느끼는 행복인지가 중요하다. 자기만의 이기적인 욕망을 채움으로써 행복해지기보다는 옳은 일, 고상한 일을 통해 행복해지는 게 더 중요하다. 제2차 세계대전을 일으킨 아돌프 히틀러의 열망은 '아리안 족의 영광'이었는데, 유태인을 세상에서 없애야 독일 아리안 족(원래 상상 속의 민족이었는데 실제 있었던 민족으로 꾸며 냈다)의 우월성을 드러낼 수 있다는 것이었다. 이를 이루기 위해 그가 한 일은 엄청난 인명(유태인) 학살이었다. 히틀러가 자신의 열망을 이루었다고 해서 그를 행복한 사람이라고 하지는 않는다.

교회에서 '꿈'에 관해 자주 듣는 설교가 요셉의 꿈 이야기가 아닐까 싶구나. 그가 수많은 고난을 거친 뒤 이집트의 총리가 된 성공 스토리는 언뜻 꿈의 사례나 모델로 꼽을 만하다. 그러나 요셉 이야기를 꿈과 연결 짓는 건 잘못된 비유다. 성경은 요셉의 야망이나 성공에 초점을 맞추지 않는다. 그보다는 요셉의 삶을 통해 인생의 모든 일들은 궁극적으로 하나님이 결정하시고 인도하신다고 말한다.

성공이나 성취 그 자체를 높이 평가하는 건 기독교적 관점이 아니다. 어떤 일을 잘했고 성공했다는 건 하나님의 은혜로 봐야 하고, 우리는 그저 마땅히 할 일을 했다고 고백하는 게 기독교 신앙이다. 아름다운 이상, 곧 꿈을 갖는 것 자체는 하나님께서 즐거워하시는 일이다. 그런 이상을 품는 것 자체가 아름다우며, 그 이상을 이루어도 좋고 이루지 못해도 관계 없다. 성취가 중요한 게 아니기 때문이다.

성공을 절대적으로 떠받드는 '성공지상주의'라는 게 있다. 부(돈)나 명예(유명세), 권력 등을 우리가 추구해야 할 중요한 가치로 여기는 태도를 말하는데, 수많은 사람들이 그걸 꿈이라고 착각하고 뒤따른다. 거기에는 세상 풍속을 본받는 욕심이 깔려 있기 마련이다. 그런 세속적인 욕심은 누구에게나 있어서 내적인 갈등을 불러일으키곤 한다. 나만 해도 철학을 공부하고 윤리를 가르치고 실천한다고 해서 그런 갈등이나 고민을 하지 않는 게 아니다. 일생 동안 씨름할 문제다. 예를 들어, 주위에 아주 어려운 사람을 보고 도와주었다면 다른 사람들이 알아주기를 바라는 마음이 생긴다. 이런 생각 자체가 괴롭다. 이건 다른 사람들의 인정을 바라는 일종의 명예욕이라고 볼 수 있겠지. 나는 지금도 그 욕망과 싸우고 있다. 나는 돈이나 권력에는 솔직히 별 관심이 없다. 그런데 주변 사람들의 인정을 바라는 욕심은 늘 생기더구나. 그래서 일생 동안 싸우는 것이다. 어떤 땐 이기고 어떤 땐 진다. 이 경우, 내 욕심 쪽으로 기울어지는 건 일반적으로 다 나쁜 거다.

'명령'이라는 말이 있다. 하기 싫은 일을 시키는 걸 명령이라고 한다. 중요한 건 내 욕심 앞에서 하나님이 내리시는 '명령'을 따르느냐, 아니면 그저 내 욕심을 따르느냐다. 하나님의 명령에 따르는 것이 결국 선한 것이다.

'고상한 야망'을 가져라

그러면 자기 욕심에 사로잡혀 자기만 생각하는 이기적인 성공이나 성취에 갇히지 않으려면 어떻게 해야 할까? 꿈을 얘기할 때 흔히 인용하는 유명한 말이 있다. "소년이여, 야망을 가져라!" 이 말은 윌리엄 스미스 클라크라는 미국인이 자신의 제자들에게 한 말이다. 독실한 그리스도인이었던 그는 일본 정부 초청으로 1876년에 일본으로 건너가 삿포로 농학교(지금의 홋카이도대학교)를 설립하고 초대 학장으로 학생들을 가르쳤다. 그가 일본을 떠나던 1877년, 이별을 아쉬워하는 제자들에게 이 말을 남긴 것이라지. 문제는 그가 제자들에게 어떤 야망을 가져야 하는지에 대해 전한 그 뒷말이 거의 소개되지 않았다는 거다. 그러다 보니, 그의 말이 본래 뜻과는 달리 개인적 야망을 부추긴 것처럼 되어 버렸다. 그가 남긴 본디 말은 이렇다.

소년이여, 야망을 가져라. 돈이나 이기적인 성취를 위한 야망이 아닌, 사람들이 명성이라 부르는 헛된 것을 위한 야망이 아닌, 인간으로서 마땅히 갖춰야 하는 모든 것에 도달하기 위한 야망을 가져라.
Boys, be ambitious, not for money, not for selfish accomplishment, not for that evanescent thing which men call fame. Be ambitious for attainment of all that a man ought to be.

엄격하게 따지면, 고상한 이상 추구 자체도 하나의 욕심이다. 그러나 인간이 아무 욕심도 품지 않으면 무기력해진다. 욕심이 있으니까 인간이 움직이는 것이다. 성경에 보면 하나님은 "자기를 찾는 자들에게 상 주시는 이"심을 믿어야 한다고 말한다(히 11:6). 불교에서는 악한 욕심이든 선한 욕심이든 모두 다 버리라고 하지만, 기독교는 그렇게 말하지 않는다. 하나님이 인정하시는 욕심, 다른 이들에게 이익이 되는 욕심이라면 가져야 한다. 처음부터 명예를 얻을 욕심으로 선한 일을 하는 것은 바람직하지 않다. 그러나 선한 일을 하려는 욕심을 가지고 그 일에 힘쓴 결과 명예가 따라왔다면, 그것이야말로 진정한 명예일 것이다. 하나님이 주시는 상을 바라보는 건 옳은 일이다. 하나님의 상을 바라는 욕심이 가장 좋은 욕심이다.

이 할아비는 지금까지 우리 아들이나 딸한테도, 하고 싶어 하는 일이나 진로에 대해 이래라 저래라 한 적이 없다. 우리 아들이 처음에 철학을 공부하겠다고 했을 때 반대한 적은 있다. 그 길은 누구보다 내가 잘 아니까 그랬다. 딸은 상담을 공부하고 싶어 했는데, 나는 자연과학 분야를 했으면 싶었다. 그러나 아이들이 내게 물어보고 자연스럽게 대화하는 과정에서 이런저런 조언을 하되 최대한 그들의 자율적인 생각을 존중했다. 그러니까 지금 둘 다 자기가 바라던 분야에서 공부하고 나서 그쪽 일을 하고 있는 것이다.

10대 시절과 달리 나이 70이 넘은 내게 지금도 꿈이 있냐고 묻는다면, 물론 있다! 시인이 되고 싶었고 소설가가 되기를 바랐던 어린 시절의 꿈과는 완전히 다른 것이다. 나는 지금, 지구상에서 가장 힘든 사람들을 돕기를 꿈꾼다. 세상에서 가장 가난한 나라의 장애인들을 돕는 재단을 만들어 놓고 죽어야 하지 않나 생각한다. 그리고 세상 사람들이 조금이라도 더 도덕적으로 행동하고 남에게 해를 덜 끼치는 사회가 되도록 힘쓰다 죽는 게 내 마지막 꿈이다.

우리 10대들이 내가 앞에서 말한 그런 꿈을 가지면 좋겠다. 비현실적이라 해도 문제될 게 없다. 물론 장래에 어떤 직업, 어떤 지위에 오르고 싶다고 구체적으로 말하는 것도 좋다. 그 소망의 궁극적인 목적이 나의 욕망 충족이 아니라 사회에 공헌하고 이익을 끼치는 것이면 무엇이든 좋다. 그러니 세상 사람들이 몰려가는 '세속적 야심'에 휩쓸려 가지 말고 '고상한 야심'을 가져라.

물음표 다섯,

하기 싫은 공부,
해야 하나요?

　너희들에게는 지금 공부가 고민거리 중 하나겠지. 혹시 시험 스트레스로 매번 배가 아프거나 두통을 앓는 친구들이 있지 않니? 아니면, 지레 포기하고 일찌감치 다른 일을 생각하는 친구들이 있을지도 모르겠구나.

　나는 한국전쟁이 한창일 때 중학교에 들어갔단다. 학교 건물이 육군 병원으로 징발되어서 서너 달은 나무 밑에서 공부했지. 경상북도 경주에 계림이라는 숲이 있는데, 거기 나무 아래 돌멩이를 깔고 앉아 무릎 위에 책을 올려놓고 수업을 들었다. 제대로 된 교과서도 없었다. 국어교과서가 없어서 선생님이 《시조 백 수》라는 책을 구해다가 국어교과서로 대신 썼지. 《시조 백 수》라는 책 한 권을 한 학기 내내 공부하니까 나중엔 백 수의 시조를 다 외울 수가 있었다. 지금도 그 시조들을 꽤 많이 외울 정도지. 문제는 겨울이었다. 학교 건물이 없으니까 추워서 나무 아래에서는 도저히 공부를 계속할 수 없었거든. 그래서 무열왕릉 근처의 서악서원이라는 옛 건물 2층 다락방을 빌려서 두 학급이 모여 공부했다. 한 학급이 60, 70명 되었으니까 좁은 공간에 120명이 넘는 학생들이 모여 앉은 것이다. 그렇게 모두가 무릎을 세워 앞뒤로 다닥다닥 붙어 앉아 공부했다. 면학 여건이 형편없는 시절이었지.

그래도 우리 또래들은 순진한 편이어서 선생님이 시키시는 대로 잘 따랐지. 나는 기계라는 시골에서 경주 시내로 유학 온 학생이어서 더 잘 따랐던 것 같다. 한번은 겨울방학 때 선생님이 영어교과서의 꽤 많은 범위를 외워 오라는 과제를 내주셨는데, 방학 끝나고 검사해 보니 대다수 학생들이 안 해왔지 뭐냐. 선생님이 아이들 옷을 벗기고 대나무 빗자루로 맨 엉덩이를 때리시다가(그땐 그랬다!) 지치셨는지 갑자기 급장(반장)이던 나를 대표로 불러내 물으셨다. 고분고분하던 나는 다행히 열심히 외웠던지라 매를 안 맞았다. 그런데 그 뒤로는 수업 시간마다 애들이 대답을 못하면 무조건 나한테 물어보시는 거라. 그래서 영어만 죽어라 공부했지. 살기 위해서 공부했는데, 아마 그 덕에 내가 영문과에 진학한 게 아닌가 싶다.

시험, 중요했다. 예배는 더 중요했다

우리 땐 고등학교 입학시험이 있었다. 그렇다고 고등학교 입시를 따로 공부하거나 걱정해 본 적은 없었다. 주일(일요일)에 치러진 고입 체력시험을 보러 가지 않고도 전혀 걱정하지 않았을 정도였다. 그때 경주에서 내가 다니던 교회가 엄격한 고려파 교회였는데(고려파 교회는 일제 때 신사참배를 반대한 사람들이 따로 세운 개신교 교파란다), 주일은 안식일이라 하여 교회에서 예배드리는 것 외에는 아무것도 못하게 했지. 나도 그걸 당연하게 받아들였고.

체력시험을 안 봤는데 어떻게 되었겠니? 합격자 발표 날, 중학교 담임 선생님이 떨어졌다고 전해 주시더라. 지금 생각해 보면 거기서 내 학력이 끝날 수 있는 심각한 일이었는데도 난 천하태평이었다. 그런데 생각지도 못한 일이 일어났지. 내가 지원한 학교에서 전체 교사 회의를 열었다는 거야. 내 입시 성적이 전 학년에서 2등이었는데, 교사 회의에서 나를 포함하여 체력시험을 보지 않은 다른 친구들에게도 재시험 기회를 주기로 한 것이다. 그리하여 결국 나는 고등학교를 들어갔지.

대학 입시 때도 비슷한 일(어찌 보면 더 심했는지도 모르겠다만)이 있었다. 수험표를 주일날에 나눠 주기에 나는 당연히 안식일을 범할 수 없어서 받으러 가지 않았다. 대신 월요일 시험이 시작되기 훨씬 전에 미리 가서 수험표를 달라고 하니까 마구 화를 내더라. 수험표는 캐비닛 안에 들어 있는데 담당자가 형무소(교도소)로 시험지를 받으러 갔으니 올 때까지 기다리라는 것이었지. (그땐 대입 시험지를 형무소에서 인쇄했기 때문에, 형무소로 시험지를 받으러 가야 했다.) 시험 시작 5분 전에야 겨우 수험표를 받아서 시험장에 들어갔다. 첫 시험 과목이 수학이었는데, 그 해 입시에는 유난히 수학이 어려웠다. 종이 울리고 시험지가 배부되자 여기저기서 시험지 바스락거리는 소리와 문제 푸는 소리가 스륵스륵 들리는데, 나는 여전히 기도하고 있었다. 그러고 나서 문제지를 보니 첫 문제가 아는 문제인 거라. 속으로 '빵점은 면했구나' 생각했다.

시험을 치르고 나니 문제가 또 있었다. 합격자 발표를 주일에 한다는 거였다. 그때는 지금처럼 인터넷이나 전화로 시험 결과를 쉽게 알아볼 수 있는 시대가 아니었기 때문에, 결과 발표는 당일 지정 장소에 가서 직접 확인해야 했지. 난 서울에 있는 교회 선배에게 결과 발표를 확인해 달라 부탁하면서도, 주일이니 그 선배도 당연히 발표를 보러 가지 않을 거라 생각했다. 그런데 발표 날에 합격했다는 전보를 받았지. 그 선배가 안식일을 어기면서까지 합격자 발표를 확인해 나한테 전보를 쳤던 거다.

아니 아무리 주일이라고 해도 어떻게 시험도 치러 가지 않고 수험표도 받으러 가지 않을 수가 있지, 하고 어이없는 표정을 짓고 있을지도 모르겠구나. 그럴 만도 할 테지. 그런데 친구들, 나는 의심의 여지가 없었다. 내겐 신앙이 최우선이었으니까. 시골서 도시로 유학 온 내게도 공부는 중요했다. 대학 입시도 그랬다. 그런데 더 중요한 게 있었다. 그게 '신앙'이었다.

주일 안식, '일주일에 하루를 쉬는 생명 원리'

안식일을 거룩하게 지키라는 신앙 정신은 내겐 소중한 가치였다. 거기엔 실제적인 유익이 있었어. 당시 내가 다니던 교회 학생들은 토요일 밤 12시부터 주일 밤 12시까지는 공부라는 걸 일체 하지 않았다. 그게 내게는 대단히 큰 쉼이 되었지. '주일 성수'(주일을 안식일로 거룩하게 지키기)라는 정신이 없으면 불가능한 일이었다. 주일 성수라는 게 말 그대로 완전히 쉬는 건데도 마음속에 '공부해야 하는데…' 하는 부담을 품은 채로 주일이니까 공부 안 해야지 하는 건 아무 도움이 안 된다. 그럴 바엔 차라리 예배 잘 드리고 나서 그냥 공부를 하는 게 낫다.

내 경험으로는 일주일에 하루를 쉬는 주일 성수 원리가 굉장히 유익했다. 우리 집 애들도 주일에는 공부를 일체 안 했다.

교회 장로인 내가 아들에게는 주일에 공부하라고 할 수 없었다. 그 덕에 우리 아들은 주일만 되면 마음껏 놀았다. 담임 선생님이 학교에 공부하러 나오라고 불렀는데도 주일이라고 안 나갔다. 화가 난 선생님이 시험 성적 안 오르면 단단히 각오하라고 경고하자, 그날부터 더 열심히 공부한 덕에 점수가 올라서 결국 졸업할 때까지 주일에 학교 안 나갔다. 그 애는 대학 입시가 낼모레인데도 주일 아침에 교회 가서 밤늦도록 놀았다.

이런 일도 있었다. 입시를 코앞에 둔 시점에 교회에서 상을 받아 왔기에 뭐냐고 물었더니 성경암송대회에서 상을 받았단다. 대입 공부하러 독서실 오가는 길에 야고보서를 외워서 성경암송대회에 나가 상을 받아 왔다는 거였다. 솔직히 그땐 나도 걱정이 되더라. 얘가 낼모레 대입 시험 볼 애가 맞나 싶어서. 그런데 그게 결과적으로 그 애에게도 도움이 되었다고 생각한다. 거듭 말하지만, 우리 부자父子의 경험에 의하면 주일 하루는 완전히 안식하면서 공부는 미뤄 두는 게 유익했다.

사랑하는 친구들, 이걸 꼭 기억했으면 좋겠다. 무엇보다 신앙이 분명할수록 자신이 앞으로 무엇을 해야 할지에 대한 인식이 선명해진다. 하나님 앞에서 스스로 어떤 사람으로, 어떤 일을 하면서 살아야 할지 소명 의식이 분명해지는 것이다. 그리고 기도, 말씀 묵상, 주일 안식 등이 우리 두뇌에 대단히 중요한 휴식을 준다. 그게 공부하는 데 도움이 된다.

주일에 공부를 전혀 하지 않으면서도 걱정 안 했냐고? 전혀 하지 않았다. 그러니까 목사님 설교 열심히 듣고, 신앙생활 열심히 하고, 주일학교 반사(교사)도 했다. 고3 때도 여름성경학교 교사에 수련회까지 다 따라다녔다. 물론, 그때만 해도 지금처럼 다 대학 가는 분위기가 아니었고 경쟁이 치열하지도 않았으니까, 지금 같으면 아마 나는 대학 못 갔을지도 모를 일이다.

다시 말하지만, 주일을 안식일로 잘 지키는 게 결코 손해가 아님을 기억해야 한다. 너희들 부모님이 신앙인이라면 내 얘길 꼭 전해 주길 바란다. 신앙이 공부보다, 대학보다 더 중요하다고.

비결은 '조금씩, 꾸준히!'

공부 하면 영어를 빼놓을 순 없겠지. 영어 공부에 관해서는 내 얘기가 조금이나마 도움이 되지 않을까 싶다. 나는 중1 때부터 영어 성경을 읽기 시작했다. 특별한 계기가 있었던 건 아니고, 영어 공부를 해야겠는데 그저 영어 성경을 읽으면 되지 않을까 싶더라. 당시만 해도 영어 성경을 구하기가 쉽지 않았지.

모르는 단어가 나오면 사전을 찾아 가면서 날마다 한 절씩 읽었다. 시간이 지나니까 차츰차츰 하루에 두 절, 세 절씩 읽을 수 있게 되더라. 그렇게 해서 고등학교 2학년 때 마침내 영어 성경을 완독했다. 그게 내 영어 공부에 굉장히 많은 도움이 되었다. 문법은 잘 모르는데도 독해 능력만큼은 월등했거든. 그게 다 영어 성경 읽기 덕분이었다.

영어 성경을 완독한 다음에는 독일어 성경을 읽기 시작했다. 내가 고2였던 당시에는 독일어, 불어의 인기가 대단했다. 마침 우리 고등학교 제2외국어가 독일어여서 더 잘되었다 싶었다. 문제는 독일어 성경을 구하기가 어렵다는 거였다. 어찌어찌해서 마르틴 루터가 번역한 독일어 성경을, 그것도 알아보기 어려운 로만체 알파벳으로 된 독일어 성경을 읽기 시작했다. 하루에 한 절씩, 시간이 지나면서 두 절, 세 절 그렇게 늘려 가다 보니까 대학생 때 독일어 성경을 완독할 수 있었다.

영어 성경과 독일어 성경을 완독하면서 나는 깨달았다. 공부는 조금씩이라도 꾸준히 하는 게 가장 좋다는 걸. 또 어학만큼은 외우는 게 가장 좋다는 걸. 좋은 문장을 많이 외워 두면 나머지는 적절한 단어를 그때그때 바꿔 넣어 응용할 수 있다.

당시 대학 입시의 영어 시험은 긴 단락을 제시해 놓고 그에 해당하는 질문을 던지는 식이었다. 그러니까 독해력이 굉장히 중요한 시험이었지. 영어 성경 통독을 통한 공부가 내겐 큰 유익이 되었다. 혹시 내가 특별한 공부 비법을 들려줄 것이라 기대했는지도 모르겠다. 미안하지만 이 할아비에겐 딱히 비법이라는 게 없다. 다만 어학을 제외하고는 덮어놓고 무조건 외우는 암기식 공부는 썩 좋지 못한 방법이라는 말은 해주고 싶구나. 원리를 깨우치지 못한 채, 그저 달달 외워서는 결코 자기 지식이 되지 않을 거다. 수학만 해도 그렇다. 수학은 논리적 추리가 요구되니까 기계적으로 외워서 할 수 있는 공부가 아니다.

수학 얘기하니까 기억나는 일이 있다. 고등학교 수학 시간이었지. 내가 보기에는 간단한 문제를 수학 선생님이 굉장히 복잡하게 풀고 계시더구나. 그래서 손을 들고 앞으로 나가서 선생님이 칠판에 쓰신 풀이 내용의 절반도 안 쓰고 훨씬 쉽게 풀었더니 선생님이 마구 화를 내시지 뭐냐. 내가 눈치가 없었던 거지. 아무튼 공부라는 게 원리를 알면 오히려 쉬울 수도 있다. 특히 수학은 상당히 중요한 과목이므로 미리 열심히 해두는 게 다른 과목 공부에도 도움이 된다.

어쨌거나 공부하는 데 무슨 특별한 비법을 찾으려 애쓰지 말고, 공부하는 과정 가운데 자신에게 잘 맞고 자연스럽게 배어드는 방식을 경험을 통해 깨달아 아는 게 좋다. 수학이나 영어라면 모르긴 해도 많이 풀어 보고 많이 읽다 보면 어느새 자기 것이 되지 않을까 한다. (영어 공부는 뒤에 가서 따로 얘기할 기회가 있을 게다.)

공부는 **소명**이다

내가 중고생이었을 때, 부모님께 "공부해라" 하는 얘길 들어

본 적이 없다. 대신 "모 심어라"는 말씀은 하셨다. 그래서 일손이 바쁜 농번기에는 나도 논에 들어가 모내기도 하고 그랬다.

너희들은 "공부해라" 하는 부모님의 채근을 많이 들을 거 같다. 당시 우리 부모님은 서울에 있는 대학은 전부 '서울대학교'로 아셨던 시골 분들이라 지금 너희 세대의 부모님들과는 많이 달랐다. 그래, 너희 부모님들은 많이 배우기도 하셨고, 자원이 부족한 이 나라에서 교육이 얼마나 중요한지 아시는 분들이니 더더욱 공부를 강조하실 것 같다. 문제는 할아비 때와는 달리 지금은 워낙 공부와 비교도 안 되게 재미있는 놀거리, 볼거리가 많아서 공부에만 집중하기가 쉽지 않다는 거겠지.

그런데 말이다. 너희 부모님들이 해라 해라 시켜서 하는 공부는 결코 자기 것이 될 수 없다. 공부를 자기 것이 되게 하려면 자기 책임, 자기 일이 되게 만들어야 한다. 이게 무슨 말이냐 하면, "지금 공부하는 건 결국 내 장래 문제다. 이건 내 책임이다" 하는 생각을 분명히 갖는 게 중요하다는 얘기다. 물론 사춘기를 지나는 너희들 입장에서는 자꾸 하라고 할수록 더 하기 싫어지는 마음이 생겨난다는 걸 잘 안다. 그러니 더더욱 스스로 하려는 마음가짐이 중요하다.

공부가 재미없고 힘들어서 하기 싫다고? 그래, 안다. 너희만 그런 게 아니란다. 사실상 공부하는 걸 좋아할 사람은 거의 없지. 그런데 기억하기 바란다. 현실 사회에서 공부는 필수라는 걸. 힘들어도 할 만큼은 해야 하는 거라는 걸. 지금 안 하면 나중에 가서 꼭 후회한다는 걸. 피하려 해봤자 더 힘들어지기만 할 뿐이라는 걸.

이왕 해야 하는 거라면 정면으로 맞닥뜨리는 게 좋다. 억지로가 아닌 긍정적인 마음가짐을 가지고 자발적으로 하는 게 훨씬 유익하다. 똑같은 공부라도 즐겁게 하려고 노력하는 것이 중요하지. 어차피 피할 수 없는 현실이라면 즐겁게 하는 것이 억지로 하는 것보다는 과정도, 결과도 모두 낫지 않겠니. 좀 더 긍정적으로 생각하고 즐겁게 해보자고 마음먹고 하는 사람이 그렇지 않은 사람보다는 분명 좋은 결과를 얻는다.

나는 공부를 내 임무로 여기고 최선을 다했다. 하나님이 주신 '소명'처럼 생각했다. 너희들이 경쟁의식에 시달리면서 힘들게 공부해야 하는 상황은 충분히 이해가 가고 안타까운 생각이 든다. 그런데 그게 현실이다. 도리가 없다. 현실에 발 딛고 사는 우리가 이 현실의 일을 회피하거나 거부하고서야 어찌 살아갈 수 있겠니?

지금 점수가 **평생 점수는 아니다**

2, 3년 전쯤엔가 초등학교 4학년생이 성적을 비관해 자살했다는 뉴스가 크게 난 적이 있었다. 중간고사 성적이 떨어져 교실

에서 크게 울었다는 그 아이는 이런 유서를 남겼다지. "엄마 아빠, 나 정말 너무 세상 살기 싫어. 자살할게. 잘 살아."

정말 가슴 아프고 충격적인 일이었다. 시험 결과가, 점수가 뭐기에 초등생 아이를 그토록 세상 살기 싫게 만들었을까? 생각할수록 목이 멘다. 사랑하는 친구들, 공부 때문에 세상 살기 싫어진 적이 있니? 너희들의 행복이 성적이나 시험 점수에 달려 있다는 말을 들은 적 있니? 그건 거짓이란다. 현재 점수가 평생 간다는 보장이 없다. 삶이라는 게 어떤 변화와 발전이 있을지 모르는 것이니 조급해하지 말아야 한다.

나는 초등학교 3학년 때까지 산수(수학) 시험에서 늘 0점을 받았다. 어릴 때부터 한문을 배워서 '1+1=14'라고 알았을 정도다(한자로 '+'는 10, '='는 2니까 1과 10과 1과 2를 다 더해서 14!). 그러니까 만날 0점을 받았지. 가르쳐 주는 사람도 없었고 나 역시 굳이 알아야겠다는 생각을 안 했다. 초등학교 3학년 때까지 그렇게 꼴찌를 했는데도 우리 부모님은 성적표에 별 관심이 없으셨다. 나중에 가서야 산수를 제대로 배워서 1등을 했는데, 그때 친구들이 "너 선생님한테 와이로(뇌물) 먹였냐?" 하고 말했을 정도였다.

거듭 말하지만, 현재의 성적이 낮다거나 지난번보다 결과가 안 좋다고 해서 부디 지나치게 비관하거나 조급히 생각하지 말기 바란다.

요즘에는 밤새워 공부하거나 새벽 늦게까지 공부하는 아이들이 많다는 얘기를 듣는다. 그런데 나는 과거에 그렇게 공부한 적이 단 한 번도 없다. 그때도 그랬지만, 지금도 잠은 충분히 자는 게 좋다고 생각한다. 늙은이의 구닥다리 사고방식이라고 할지는 모르나, 적어도 7시간 정도는 자야 한다고 본다. 우리 집 아이들에게도 제일 강조한 게 잠을 충분히 자라는 것이었다.

사랑하는 친구들, 인생에서 공부가 전부는 아니다. 아무리 학창 시절이라 해도 공부가 인생의 전부라고 생각하지 말았으면 좋겠다. 생각을 키우고 인품을 갖추어 나가야 하는 일도 굉장히 중요하다. 그럼에도 공부는 중요하다. 그건 너희들이 바로 지금, 마땅히 해야 하는 일이다. 그러니 결코 게을리해서는 안 된다. 지금 너희가 공부를 게을리하는 건, 너희 부모님이 회사 일을, 가사를 게을리하는 거나 다를 바 없기 때문이다.

물음표   여섯,

책 말고도 볼거리,
읽을거리 많잖아요?

"지금의 나를 있게 한 것은 우리 마을 도서관이었다."

혹시 들어 본 적 있는지 모르겠다. 지난 10월 초 세상을 떠난 애플 전 CEO 스티브 잡스와 쌍벽을 이루는 마이크로소프트 사의 빌 게이츠 회장이 한 말이다. 그는 어린 시절부터 부모님이 텔레비전 대신 책을 읽어 주고 늘 가까이하게 한 것으로도 잘 알려져 있지. 마이크로소프트 사가 윈도를 기반으로 하는 멀티미디어 시스템을 사업 영역으로 확장하려는 사실은 잘 알려져 있지. 그런데 그 회사의 경영자인 빌 게이츠는 정작 이런 말을 했단다.

"멀티미디어 시스템은 정보 전달 과정에서 영상과 음향을 사용하지만, 문자 텍스트는 여전히 세부적인 내용을 전달하는 최선의 방식으로 사용된다. 나는 평일에는 최소한 매일 밤 1시간, 주말에는 3, 4시간의 독서 시간을 가지려 노력한다. 이러한 독서 습관이 나의 안목을 넓혀 준다."

분명한 건, 빌 게이츠의 천재성이 빛을 발한 데는 그의 끊임없는 독서가 밑거름이 되었을 거라는 사실이다.

읽고 싶어도 읽을 수 없었던 시절

물론 너희들처럼 볼 것도 갖고 놀 것도 많은 요즘 같은 시대에 책을 읽는다는 건 참 따분하고 재미없는 일로 여겨질 거야. 이 할아비도 이해한다. 나도 너희와 같은 시대에 태어나 청소년기를 보냈다면, 과연 얼마나 책을 읽었을까 싶구나. 하기야 지금껏 나는 책을 그리 많이 읽지는 못한 것 같다. 유학 생활도 오래 하고 또 대학에서도 오래 가르쳤으니까 그럴 리 없지 않겠냐고? 그럴 리가 여기 있다.

내가 어렸을 적엔 인쇄된 읽을거리라는 게 아예 없었으니까 읽고 싶어도 읽을 수가 없었다. 오죽했으면 교과서를 받은 날 수학책마저 처음부터 끝까지 다 읽어 버렸겠니. 그 시절 누가 만화

책을 한 권 가져왔던 것 같은데, 그 한 권을 전교생이 돌려 읽었던 기억이 난다. 교과서조차 드문 때여서 하도 많이 돌려 본 탓에 구멍이 나서 돌아다닐 정도였다.

중학생 시절에도 숲에서 입학식을 하고 나무 아래에서 공부를 했으니 도서관이라고 따로 있었겠니? 도서관 만들 형편이 안 되었지. 경주 시내에 시립도서관 같은 게 있긴 했었던 것 같은데, 책을 빌리는 건 불가능했던 시절이었다.

그러니 집엔들 어찌 책이 있었겠니? 《임진록》이라는 고전소설 전권을 다 외우다시피 하셨던 어머니께서 그 책에 담긴 이야기를 들려주시거나 창호지를 접어서 손수 베낀 소설을 읽어 주셨다. 그렇게 어머니의 이야기를 듣는 것이 유일한 책 읽기가 되던 시절이었지. 내게는 그게 상상력을 자극하는 데 큰 도움이 되었다고 생각한다. 아버지도 《삼국지》나 《주역》을 한문으로 읽으시던 분이었는데, 무슨 책이든 한번 읽으시면 거의 외울 정도로 기억력이 뛰어나셨다. 전기도 제대로 안 들어오는 시절, 저녁이 되어 캄캄해지면 아버지께서 방에 누운 채 그걸 외우시는 소리를 토끼귀를 하고 듣곤 하던 기억이 난다.

중학생 때는 김영랑, 신석정 시인의 시를 인상 깊게 읽었다. 소설은 별로 못 읽었지만, 모윤숙의 장편 산문집 《렌의 애가》를 탐독했던 기억이 나는구나. 신석정 시집이나 모윤숙 산문집은 어렵사리 내 돈으로 산 것 같다. 고등학생이 되어서는 까뮈나 사르트르의 소설을 읽었다. 학교 선생님 얘기 듣고 무슨 소린지도 모르고 읽었더랬지. 어떻게 내 손에 들어오게 되었는지는 모르겠으나 한문 투로 된 이준 열사의 전기를 재미있게 읽은 기억도 나고, 교회에서 목사님 설교나 주일학교 선생님 얘기를 듣고 《천로역정》이나 《어거스틴 참회록》을 읽기도 했던 시기였다.

내 인생의 책들

지금 생각해 보면, 난 고등학생 시절이나 대학 시절에도 책 읽는 맛은 잘 모르고 지냈던 것 같다. 그게 참 안타깝다. 고2 때부터 입주入住 가정교사를 했던 나는 가르치는 학생 집에 살면서 공부도 가르치고 내 대학 입시 준비도 해야 했지. 대학생이 되어서도 가정교사를 하면서 학비를 벌어야 했으니 늘 시간에 쫓기고 쪼들리며 살 수밖에 없었다. 그러니 책 읽을 여유는 꿈도 못 꾸는 형편이었지.

유학 시절에는 책을 많이 읽었으리라 생각할지 모르겠지만 웬걸, 그때도 공부하느라 바빠서 공부에 필요한 책 외에는 거의 읽을 수가 없었다. 예를 들면, 하이데거라는 철학자의 《시간과 존재》라는 책을 이해하기 위해서만 다섯 권의 연관 도서를 읽어야 했거든. 유럽에서 공부하던 시절 여름방학 때 유일하게 전공과 무관하게 《러시아혁명사》라는 책을 읽었지. 전공 분야가 아닌 내용을 접해서 그랬는지 그 책이 참 인상 깊었다.

오히려 교직에서 은퇴한 요즘, 비로소 책 읽는 맛을 제대로 느끼고 있다. 최근 부산 고신대 강의하러 다닐 때 기차 안에서, 또 서울에서 지하철로 이동할 때 독서의 여유를 즐기고 있다. 무겁지도 않고(이젠 무거운 책은 팔이 아파서 힘에 부친다) 양복 주머니에도 쏙 들어가는 '보급판'paperback 뉴욕타임즈 베스트셀러 소설이나 아마존 '킨들'로 전자책을 다운받아 읽는데 휴대하기에 부담이 크지 않아 참 편하더구나. 지금은 톨스토이의 《전쟁과 평화》를 영어 번역본으로 읽고 있는 중이다.

지금까지 내 인생에 성경 다음으로 가장 큰 영향을 끼친 책으로는 《구안록》《도덕적 인간과 비도덕적 사회》《전체성과 영원성》이 있다. 우찌무라 간조의 《구안록》求安錄은 고1 때 읽은 책이다. SFC 전국 수양회에 참석했다가 '의심'의 늪에 빠져 괴로워하는 와중에 교회 친구가 권해 줘서 읽게 되었지. 그 책을 읽고 신앙의 의심과 회의를 이겨냈다. 《구안록》은 말 그대로 평안을 구하는 책이라는 뜻인데, 인간의 합리적 지식이라는 게 얼마나 한계가 많은가 하는 게 전반적 내용이다. 그런 내용이 한창 의심과 회의에 휩싸여 있던 내게 큰 도움이 되었지.

라인홀드 니버의 《도덕적 인간과 비도덕적 사회》는 내게 생각의 전환을 일으켜 주었고, 에마뉘엘 레비나스의 《전체성과 영원성》은 내 인생에 터닝 포인트(전환점)가 되어 준 책이란다. 두

책 다 크나큰 사고의 변화와 지적 희열을 안겨 주었는데, 니버나 간조의 책은 비교적 술술 읽을 수 있었던 데 비해 《전체성과 영원성》은 오래오래 곱씹으며 읽었다. 너희들에게는 좀 어렵겠지만 그래도 잠시 소개해 보겠다. 이 책은 서양철학 전체, 특히 서양철학의 근본 바탕을 비판한다. 인간의 의식이 대상을 완전히 지배한다는 '주체 중심' '나 중심'주의를 제국주의라고 비판하는 거지. 그러면서 레비나스는 나 아닌 남, 곧 '타자 중심'을 강조하면서, 서양 전통에 근거한 지식이 한계가 있다는 인식을 심어 주고 있다. 좀 어려운 얘기였지?

판타지 소설은 어떠냐고?

나는 나 자신을 좀 메마른 사람이라고 생각한다. 대학에서 영문학을 공부할 때 2학년이 되자 시나 소설을 다루었는데, 대학 와서도 시나 소설을 공부해야 하나 싶어 영어학을 공부해야겠다는 생각을 했다. 영어학은 영어의 유래와 변화, 발달의 역사를 연구하는 꽤 딱딱하고 건조한 공부 분야지. 그래서 졸업 논문은 영문법에 대해 썼다. 영국의 문학가 제프리 초서나 셰익스피어, 그리고 흠정역 성경Authorized Version에 나오는 가정법subjunctive에 대해 논문을 썼다. 당시 나는 시나 소설은 쉬면서 즐기는 거지 학문으로 할 건 아니라는 생각을 갖고 있었다. 일단 시간도 없었지만, 시나 소설에 시간 들일 생각 자체가 없었던 거지. 그러니 참 메마른 사람이랄 수밖에. 그래도 우리 애들에게는 좋은 소설이나 시를 많이 읽으라고 권했다.

그래도 네덜란드 유학 시절에는 미술관과 콘서트를 굉장히 많이 찾아다녔다. 아마 그림을 나만큼 많이 본 사람도 드물 거다. 문제는 그렇게 많이 본 것에 비해 '감상' 능력은 굉장히 떨어진다는 점이다. 음악도 그렇지만, 예술의 아름다움 자체를 즐기기보다는 그것의 시대정신이니 이론적 분석이니를 따지는 버릇 때문이 아닌가 싶다.

《해리 포터》 시리즈의 전 세계적 흥행 이후, 교회 쪽에서 판타지 소설을 경계한다는 이야기를 들은 적 있다. 흔히 세계 3대 판타지 문학으로 C. S. 루이스의 《나니아 연대기》, J. R. R. 톨킨의 《반지의 제왕》 그리고 어슐러 르 귄의 《어스시의 마법사》를 꼽는데, 그중 《나니아 연대기》는 우리 손녀들도 즐겨 읽는 책이다. 나는 판타지 문학 자체가 사고 확장에 도움이 된다고 생각한다. 어릴 때에는 비현실적인 상상의 세계에 한번 들어가 보는 경험을 하는 게 사고의 지평을 넓히는 데 굉장히 도움이 되기 때문이다. 그래서 《해리 포터》 시리즈도 해가 될 게 없다고 본다. 물론 영화보다는 책을 먼저 읽는 게 중요하다. 영상을 먼저 보고 나면 책을 읽을 때 영상에서 본 장면에 갇혀 자유롭게 상상할 수 없을 테니 말이다.

어렸을 때 나는 책을 많이 못 읽었지만, 책 대신 자연과 벗하며 상상을 즐겨 했다. 소꿉장난할 도구도 없었기에 작은 이야기를 들어도 그 이야기 조각 하나 붙들고 상상의 날개를 펴곤 했다. 심지어 돌멩이 하나로도 개가 등장하고 소가 나타나는 이야기를 상상했을 정도였지.

요즘 너희들은 워낙 볼거리가 넘쳐 나서인지 오히려 상상하는 법을 잊어버린 것 같더구나. 내 생각에는, 좀 가혹할지 모르겠지만 텔레비전을 아예 없애고 보지 않는 건 어떨까 싶다. 영상을 보고 나면 상상이 멈춘다. 그래서 영화보다는 책을 먼저 보는 게 중요하다는 거다. 어렸을 때는 집에 텔레비전이 없다며 불평하던 우리 아들도 이젠 자기 아이들에게 텔레비전을 안 사주고 안 보여 주더구나.

할아비의 경험 하나를 들려줄까? 《닥터 지바고》를 소설로 읽은 뒤 시간이 지나 병원 입원 중에 영화로 보게 되었다. 그런데 책으로 읽었을 때보다 그 내용이나 스토리가 어찌나 빈약하던지 엄청 실망했지 뭐냐. 소설을 읽으면서 내가 상상한 것에 비해 영화가 너무 빈약해서 대 실망이었던 거지.

아무튼 나는 상상할 수밖에 없는 환경에서 자랐던 어린 시절에 대해 굉장히 감사한다. 그때 상상하던 습관은 지금에 와서도 글을 쓸 때 굉장히 도움이 된다. 어떤 책이든 읽다가 한 구절만 와 닿아도 그 작은 건더기라도 붙들고 상상을 펼치기 시작한다. 책을 읽다가 '유레카'Eureka, 바로 이거야! 하는 순간이 있는데, 그 땐 책을 덮고 길을 거닐며 생각하고 곱씹는다. 그래야 진정 내 것이 된다.

내가 터득한 7가지 독서의 지혜

그래서 내가 몸으로 체득한 독서에 관한 지혜는 이렇다.

첫째, 너무 많은 책을 읽으려고 애쓰지 말아라. 나는 다독多讀보다는 한 권의 책을 깊이 읽으면서 상상하고 곱씹고 생각하는 그런 독서가 좋은 독서라고 본다. 모름지기 좋은 책이라는 건 바로 그런 상상과 사색을 자극하는 책이다. 정보를 제공하는 책도 중요하지만, 생각을 불러일으키는 책이 훨씬 중요하다. 그런 책을 읽어야 한다. 그리 중요하지 않은 책 열 권을 읽는 것보다는 가치 있는 책 한 권을 열 번 읽는 게 더 가치 있다. 읽어서 오롯이 양식이 될 수 있는 책, 부디 그런 책을 읽기 바란다.

둘째, 가치 있는 책을 고르고 선택하기 위해 애써라. 요즘엔 워낙 많은 책이 쏟아져 나온다. 수많은 책의 홍수 속에서 좋은 책을 스스로 판단하려면 여러 모로 힘도 들고 시간도 모자란다. 그래서 여러 사람들이 추천하는 책 중에서 고르는 것도 도움이 된다. 클래식(고전)이라는 게 대개 그런 책이다. 시시한 책을 많이 읽는 건 정말 도움이 안 된다.

셋째, 한번 잡은 책은 반드시 다 떼야 한다는 부담을 갖지 않는 게 좋다. 그런 강박을 피해야 한다. 그럴 필요가 뭐 있을까. 나는 읽을 만큼 읽는다.

넷째, 천천히, 더디, 사색하며 읽어라. 자료나 참고서를 급하게 찾아봐야 할 때도 있지만, 그런 때 말고는 빨리 읽는 것이 좋지 않다. 책을 읽다가 좋은 구절이 있으면 그 구절을 붙들고 상상하고, 나아가 글도 한번 써보아라. 일기장이나 블로그 같은 데다 글로 써보면 그 책이 의도한 것보다 더 풍성한 걸 만들어 낼 수 있다.

다섯째, 자기에게 너무 어려운 책은 읽지 않는 게 좋다. 읽어도 무슨 소린지 모를 책은 읽어 봐야 소용이 없다. 그건 시간 낭비다. 그렇다고 너무 쉽게 읽을 수 있는 책은 애초에 읽지 않는 게 좋다. 자기 수준보다 약간 어려운 책을 읽는 게 도움이 된다.

여섯째, 짬짬이, 틈나는 시간에 읽어라. 학교 공부를 제쳐 놓고 책을 읽으라는 건 비현실적인 얘기다. 하지만 짬짬이 읽기라는 게 있다. 그건 머리를 식히는 역할을 하기 때문에 오히려 공부에 도움이 된다. 완전히 손 놓고 아무것도 안 하는 게 쉼이 아니다. 지금 하는 것과는 다른 걸 하는 게 쉼이다. 그러니까 수학 문제를 한참 풀고 나서 좋은 소설을 한두 장章 읽으면 그게 머리에 쉼이 되는 것이다.

일곱째, 축약판 고전은 고전이 아니다. 시중에 가면 논술 대

비용으로 나오는 다이제스트(축약)판 고전들이 있는데, 그건 고전이라 할 수 없다. 줄거리 중심으로 줄여 놓은 것이니 어설프나마 그 책을 읽었다고 말할 수는 있겠지. 하지만 중요한 건 단순한 책의 줄거리가 아니다. 그 책 속의 한 문장 한 문장, 표현 한 구절 한 구절이 의미 있고 중요하다. 그렇게 줄거리 요약본으로 읽어서는 상상력에도 아무 도움이 안 된다.

구체적으로 어떤 책을 읽어야 하는지 묻는다면, 역시 《그리스 로마 신화》나 《천로역정》 《어거스틴 참회록》 《장발장》 《노인과 바다》 같은 고전들을 말할 수밖에 없구나. 톨스토이의 작품들도 괜찮다. 《전쟁과 평화》는 너무 길어서 읽기가 쉽지 않겠지만 말이다. 셰익스피어의 작품은 좋긴 하다만 그냥 직역直譯해 놓은 건 읽는 재미가 미미할 것이다.

만화의 경우, 기억력에 도움을 준다. 그래서 기억을 돕는 학습 만화 같은 게 보탬이 될 수 있다. 그러나 그림으로 표현할 수 있는 건 한계가 있게 마련이므로 너무 많이 읽지는 말았으면 한다. 생각이라는 게 '마음의 그림'mental picture이고 글은 하나의 기호다. 그 기호인 글을 읽으면 그게 마음속으로 들어와서 '멘탈 픽쳐'가 된다. 그런데 자꾸 그림을 먼저 보다 보면 마음의 그림을 그리는 일에 게을러지고 수동적이 되기 마련이다.

독서의 '방아쇠 효과'를 얻으려면

'방아쇠 효과'라는 말을 들어 보았니? 평형이 유지되는 생태계에서 어떤 작은 변화가 생기면 이게 연쇄적으로 확대되어 큰 변화를 일으키는 현상을 말한다. 독서에도 그런 방아쇠 효과가 있을 수 있다. 할아비는 〈타임〉지를 읽어 온 지 50년이 되었는데, 내 정보의 많은 부분이 거기서 나온다. 독서한다는 생각으로 읽지 않고, 그냥 호기심으로 읽다 보니 유용한 자료가 된다. 그렇게 쌓아 둔 자료가 생각을 자극해서 방아쇠를 당기는 경우가 있다. 지금까지 꾸준히 읽은 책이 쌓여서 총알을 발사하는 것처럼 큰 힘을 쏟아 내는 일이 일어날 수 있는 것이다.

끝으로 꼭 해주고 싶은 말이 있다. 의식이 바깥으로 표현된 것을 '문화'라고 한다. 지금 우리 주위에 존재하는 모든 문화물은 인간의 의식 속에 있던 것이 바깥으로 드러난 결과다. 그런데 오랜 기간에 걸친 인류의 경험과 시행착오와 성취는 책을 통해 전해지고 교육이 이뤄진다. 아울러 우리의 사고는 언어, 특히 글을 통해 가장 정확하게 전달이 된다.

따라서 문자가 있는 문화와 문자가 없는 문화는 엄청난 차이가 있을 수밖에 없다. 문자 문화는 훨씬 정교하고 세련되며 체계가 잡혀 있다. 그걸 내 것으로 만들어야 한다. 그래야 발전한다. 학교에서 배우는 것만으로는 부족하다. 학교 바깥의 다양한 것을 내 것으로 만드는 통로가 바로 독서다.

나이가 들어서 하는 독서와 젊을 때 하는 독서는 값어치가 다르다. 지금 이 할아비처럼 나이 든 시기에는 책을 읽어 봤댔자 그걸 기초로 새로운 뭔가를 만들어 내기가 쉽지 않다. 기억력이 약화되었기에 읽은 걸 금세 잊어버리기도 한다. 그러니 독서도 시기를 놓치지 않는 게 아주 중요하다.

사고와 의식의 기초를 깊게 다져 놓지 않으면, 그다음에 아무리 유익한 지식과 정보가 들어와도 그걸 제대로 활용하거나 확장할 수 없다. 오히려 줄어든다. 그러니까 읽어야 한다. 책 읽기라는 건 '안 읽어도 그만'이 아니다. 기회가 있을 때마다, 아니 기회를 만들어서라도 읽어라. 핸드폰에 시간 좀 덜 쓰고.

물음표 일곱,

영어 공부, 왜 그리고 어떻게 해야 하나요?

　영어는 지구상 수많은 언어 중 하나다. 그런데 우리나라에서 영어는 언어 이상의 영향력을 미친다. 성공의 수단이고, 취업과 승진의 주요 조건이며, "신분 상승의 엘리베이터"다. 연기 잘하는 배우를 보면 당연시하는 반면, 영어 잘하는 배우를 보면 놀라워한다. 영어는 한국 사회에서 단순히 언어가 아니라, 일종의 특권적 요소가 되었다.

　'스펙'이라는 말을 들어 보았을 게다. 취업에 필요한 외적인 조건을 뜻하는 말이지. 영어 스페시피케이션specification, 품목·설명서에서 따온 말이라는구나. 이 스펙의 핵심이 영어라니, 온 나라가 영어 열풍에 휩쓸리는 게 무리도 아닐 듯싶다. 몇 년 전 미국의 유명 신문 〈워싱턴포스트〉가 우리나라 영어 열풍을 이렇게 보도했을 정도다.

"오늘날 한국에서는 영어를 완벽하게 하는 것만큼 미래를 보장하는 게 없다. 부富와 유교식 향학열(배움에 대한 열의)이 합쳐지면서 자녀의 영어 교육을 위해 이민이나 유학에 나서는 '교육 엑소더스'가 생겨났다."

오로지 영어를 배울 목적으로 한 해에 2만여 명이 조기유학을 떠난다니, 교육 엑소더스(대탈출)라는 말도 빈말이 아니다. 너희들도 '영어 스트레스'에 시달리고 있는 건 아닌지…. 우리나라의 영어 열기는 아무리 좋게 보려 해도 그 정도가 과하지 않나 싶다. 영어 열풍이 아니라 광풍狂風이 아닌가 할 정도다.

'암기'로 시작한 나의 영어 공부

나는 중학교 때 알파벳을 처음 익혔다. 앞서 이야기한(64면 참고) 영어 방학 숙제 에피소드를 기억하겠지? 무서운 영어 선생님으로부터 살아남기 위해 죽어라 영어 공부를 하게 되었던 계기 말이다. 다 그런 건 아니겠지만, 때론 무서운 선생님을 만나는 게 공부에 도움이 되는 것 같다. 그때 내 경험상 '어학'은 암기가 굉장히 좋은 공부법이라는 걸 깨달았다.

다시 한 번 이야기하지만, 그 무렵 영어 교과서 외에 내가 열심히 읽은 건 영어 성경이었다(69면 참고). 처음부터 욕심내지 않고 한 절씩 읽어 나가다 조금씩 분량을 늘려 간 것이 내 영어 공부에 결정적인 도움이 된 것이다. 그런 식으로 영어 성경을 꾸준히 읽은 덕에 내 독해 실력이 엄청 늘었다.

미국 유학 가서도 독해reading는 미국 친구들에 견줘 그다지 뒤지지 않았다. 그럴 수 있었던 게 일찍이 영어 성경이나 원서를 부지런히 읽어 둔 덕분이었다. 영어 소설이나 잡지도 읽었는데, 군대 가기 전 미국 시사 주간 〈타임〉지를 구독해서 읽기 시작했다. 그때 내 나이가 20대 초반이었는데, 지금까지도 〈타임〉을 읽고 있으니까 50년 정도 읽어 온 셈이다.

요즘 시대에 안 맞는 구식이라고 할지 모르겠다만, 거듭 강조하는 것은 외국어는 무조건 외워 버려야 한다는 것이다. 좋은 문장을 모은 책을 한 권 사서 무조건 외우면 좋다. 그래서 반복 연습이 중요하다. 독해뿐 아니라 리스닝listennig, 청취도 마찬가지다. 영어 오디오를 들을 때, 처음부터 무슨 소린지 모르겠다며 포기하면 안 된다. 똑같은 내용을 지정해서 계속 반복해 듣든지, 아니면 무슨 말인지 못 알아들어도 일단 포기하지 않고 계속 들어야 한다. 물론 '100퍼센트 다 알아들어야지' 하는 욕심은 내려놓기 바란다.

유학 시절, 영어와 화란어를 오가며

나는 미국에서 3년, 네덜란드에서 7년 동안 공부했다. 미국에서는 당연히 영어를 써야 했고, 네덜란드에서는 네덜란드어(화란어)로 수업을 듣고 과제를 내야 했다. 당시 우리나라 영어 교육은 주로 문법과 읽기(독해) 중심이었기에, 미국 유학 첫 학기에 고생을 꽤 했다. 수업 내용을 잘 알아듣지 못해 미국 친구들 노트를 빌려서 내 것과 비교하며 고치곤 했다. 언젠가는 교수님이 숙제를 내주신 것을 못 알아듣고 숙제를 해가지 않아 애를 먹은 적도 있다. 그렇게 고생하면서도 정작 말하기 공부에 그리 노력을 하지 않아 그랬는지, 한번은 교수님이 나를 불러서 진지하게 충고를 하시는 거였다.

"미스터 손은 영어를 잘할 것 같은데, 별로 노력을 안 하는 것 같네. 열심히 해서 배워 두면 손해 볼 게 없지 않겠나?"

그 말씀에 자극을 받은 나는 혼자 있을 때 의식적으로 계속 영어로 중얼거렸다. 당시 나는 학교 청소 아르바이트를 했는데 쓰레기를 치우려고 손수레를 밀고 가면서도 입으로 영어를 중얼거렸다. 그렇게 계속 영어를 내뱉으니까 회화가 빨리 늘었다.

영어를 잘하게 되니 인간관계가 달라지더라. 활동 폭이 넓어지면서 학생회 간부로 뽑히기도 하고, 학교 식당 운영위원으로 일하기도 했다. 식당 운영위원은 학교 구내식당을 세 명의 학생이 사장처럼 실제로 경영을 하는 것이었다. 나는 그 셋 가운데 하나였지. 운영위원 임기는 1년으로, 해마다 학기 초에 선거를 통해 뽑았다. 우리는 식재료를 사러 돌아다니거나 식당 직원을 선발하는 등 정말 사장CEO처럼 일했다. 또 학생 조정위원회 위원이 되어서 학생 간에 생기는 분쟁이나 갈등을 조정하는 역할을 맡기도 했다.

영어가 익숙해짐에 따라 조금씩 소통이 편해지고 능숙해지니까 그들 사이에서 내 존재감이 드러나기 시작하고, 관계 속에서 인정을 받고 친밀해지니까 자연스럽게 실력이 더 늘어 갔다. 영어를 잘하게 되니 그런 식으로 선순환善循環, 좋은 현상이 되풀이 됨이 이루어지더구나.

네덜란드 유학 시절에는 당연히 화란어로 수업을 들었다. 미국 유학 중 네덜란드로 가기 전 화란어 문법책을 혼자서 공부했다. 그런 뒤 곧바로 네덜란드 암스테르담자유대학교로 가서 몸으로 부딪쳤다. 물론 수업 교재 가운데 영어 원서들도 있었고 영국에서 유학 온 친구들도 있어서 웬만큼 적응할 수는 있었다. 문제는 수업 시간이었다.

외국어는 집중해서 듣지 않으면 잘 들리지 않는 법이다. 학교에서 나는 교수가 강의하는 교탁 바로 앞, 그러니까 맨 앞자리에 앉아서 강의를 들었다. 가뜩이나 화란어에 능숙하지 않은 데다 뒤쪽에 앉으면 아무래도 더 안 들렸거든. 당시 동양에서 온 유학생은 내가 유일했던 덕분에 관심을 많이 받았고 교수님이 나를 좋아해 주셨다.

화란어를 빨리 배우려고 학점이 없는 어학 과정을 추가로 듣기도 했다. 그 덕분에 1년이 안 되어 현지 학생들과 공부하고 생활하는 데 큰 어려움 없이 지낼 수 있었다. 나중에는 조교가 되어 화란어로 강의를 할 정도가 되었다. 미국에서 네덜란드로 간 게 1965년이었는데 1969년에 강의를 했으니까, 4년 만의 일이었지. 물론 지금은 화란어를 쓸 기회가 거의 없다. 그래도 몇 해 전 유학 시절 친구들이 우리 집으로 찾아와서 함께 지낼 때 대화하는 데 여전히 어려움이 없더구나.

사교육이 영어 정복 지름길?

'영어 격차'English devide라는 말 들어봤니? 2012년 6월 초 정부 연구기관인 한국개발연구원KDI에서 영어 교육에 관한 보고서를 발표했단다. 그 보고서에 따르면, 월 소득이 높을수록 영어 사교육 비중이 높아 (수능에서 국어나 수학보다) 학생들의 영어 성적 격차가 크게 나타났다는 거다. 그러면 영어 사교육 없이는 영어 실력을 키울 수 없는 걸까? 결코 그렇지 않다는 게 내 생각이다. 영어를 꼭 학원에 가서 배워야 한다고 생각지 않는다.

오늘날엔 인터넷이나 라디오에 영어 관련 프로그램이나 콘텐츠가 넘쳐난다. 미국 유학 가기 전 나는 에이에프케이엔AFKN이라는 미군 방송을 들었다. 처음엔 도무지 무슨 말인지 알아듣지 못했지만 꾸준히 듣다 보니 조금씩 귀가 뚫리더라. 요즘엔 인터넷으로 BBC 방송 같은 영어 웹사이트를 찾아보면 얼마든지 좋은 자료를 무료로 활용할 수 있다. 문제는 '지속성'이다. 꾸준히 노력해야 한다는 얘기다. 그렇게 하지 않으니까 결국 학원에 의지하는 거다.

비싼 돈 들여서 영어 학원 가지 않아도 된다. 영어 문법을 체계적으로 익히는 거야 혼자서는 쉽지 않지만, 그 밖에는 학원 갈 필요가 없다. 앞서 얘기했듯 난 암기에 무척 약하다. 정말 잘 못 외운다. 그래서 그냥 부지런히, 많이 읽었다. 영어 교과서, 영어 성경, 영어 잡지, 영어 소설 등을 부지런히 읽었다. 요즘도 영어 소설을 온라인 서점 아마존에서 전자책e-book으로 사서 읽는다. 그래서인지 예전 미국 유학 시절보다 오히려 지금 영어를 더 능숙하게 한다.

사교육을 시키면 다 일정 수준 이상 할 수 있다고 생각하는 경향이 있다. 하지만 아무리 시켜도 안 되는 사람이 있다. 그런데도 포기를 못 한다. 진학이든 취업이든 승진이든, 워낙 영어의 영향력이 지대하다 보니 포기할 수가 없는 거다. 영어를 잘 못하면 못하는 대로 그냥 만족하며 살면 되는데, 우리나라 사람들에게는 그게 참 쉽지 않은 일이다.

자기 자녀가 9급 공무원이어도 만족스러워하는 부모는 거의 드물다. 대부분은 국제 사회에 진출하여 큰 일을 맡는 글로벌 리더가 되기를 바란다. 한국인은 '상향성의 열망', 곧 더 높은 자리, 더 큰 영향력을 지닌 위치로 올라가려는 야심이 강한 민족이다. 그러니 상향성의 야심으로 들끓는 한국 사회의 영어(사교육) 열풍은 쉽사리 가라앉지 않을 것 같다.

조기 영어 교육과 **영어 발음 콤플렉스**

우리 사회에는 유아기부터 모든 교육을 영어로 진행하는 영어 유치원이나 영어 전문 학원을 보내는 부모들이 적지 않다. 일찍 시작해야 발음도 미국인처럼 할 수 있다고 믿는 모양이다. 조기 영어 교육에 적극적인 부모들 심정을 모르는 바 아니지만, 개인적으로는 참 안타깝다. 나도 대학과 대학원에서 영문학을 공부했으니 웬만큼은 안다 할 수 있다. 어린아이의 두뇌에는 한계가 있다. 받아들일 수 있는 어휘 수가 어른의 반밖에 안 된다. 그런데 우리말도 채 할 줄 모르는 시기에 외국어를 강제로 주입하려 하면, 중요한 성장기에 반벙어리가 되고 만다. 하버드 대학에서 유아교육을 전공한 국내의 어느 대학 교수는 도시락 싸들고 다니면서 유아 영어 교육을 못하게 한다고 들었다. 그게 맞는 얘기다.

조기 영어 교육 열풍에는 영어 발음을 원어민들처럼 해야 한다는, 일종의 '영어 발음 콤플렉스'도 한몫하는 것 같다. 수년 전 중국에서는 아이들 영어 발음을 발달시킬 목적으로 혀 수술을 강행한다는 영국 BBC 방송 보도가 있었고, 우리나라 역시 서울 강남을 중심으로 아이들의 혀 수술이 이뤄지고 있다는 보도가 충격을 주기도 했다. 그렇게 혀 수술을 받은 아이들 중에는 오히려 한국말조차 발음이 제대로 안 되어 언어 치료를 받아야 하는 경우도 있었다.

한국인 가운데 세계적인 지도자로 활동 중인 반기문 유엔 사무총장이 있다. 그분의 영어 발음은 나보다 더 한국식인데도 외국인들에겐 그런 영어가 더 매력적으로 받아들여지기도 한다. 그런데 정작 반기문 총장의 영어 발음을 문제 삼는 건 외국인이 아니라 한국인들이라는구나. 언젠가 KBS 2TV에 반기문 총장의 영어 발음에 관한 이야기가 소개되었는데, 외국인들은 그의 영어 연설에 대해 "교양 있는 연설" "또박또박 알아듣기 쉬웠다" "문화까지 이해할 수 있었다"며 극찬을 한다는 거였다. 한국인이 영어를 미국인처럼 발음하는 게 그렇게 중요한 건 아니라는 얘기다.

일찍감치 영어를 정복하기 위해, 초등학생 자녀를 조기유학 보내는 부모들이 적지 않다. 그런데 영어권 국가에서 태어나 자라지 않는 한 아주 어릴 때 배운 영어는 귀국한 뒤 나이 먹으면서 다 잊어버리기 마련이다. 물론 어릴 때 조기유학을 가면, 외국인을 보고 기가 죽거나 두려움을 느끼는 심리적 위축감을 줄여 주는 효과는 있을 것 같다. 그것 말고는 그만한 돈과 어린 시절의 스트레스를 감수하면서까지 굳이 조기 유학을 보낼 필요가 있나 싶다.

문화 배우기와 **다독다독**

영어나 화란어 같은 외국어가 능숙해지면 어떤 유익이 있을까? 무엇보다 사고의 폭이 넓어진다. 같은 의미의 단어나 표현이라도 우리말과 영어의 느낌과 색깔이 굉장히 다르다. 그만큼 사고와 표현이 풍부해진다. 언어의 폭이 사고의 폭을 넓혀 준다. 영어로는 표현이 되는데 우리말로는 안 되는 게 있다. 그래서 영어로 철학책을 쓰는 게 훨씬 더 수월하다. 대학에서 가르칠 때 나는 학생들에게 매번 양해를 구하곤 했다. 영어로 철학을 공부했기에 우리말 번역으로는 표현이 안 되고 만족이 안 되니, 영어를 많이 쓰는 걸 이해해 달라고 한 거지.

한 언어를 잘한다는 건 '디노테이션'denotation, 사전적 의미과 '코노테이션'connotation, 함축된 의미·숨은 뜻을 완벽하게 파악하여 활용한다는 걸 뜻한다. 외국어를 공부하는 게 곧 문화를 공부하는 것이란 말이 그런 뜻이다. 그러나 모국어의 폭이 넓어야 외국어의 폭도 넓어진다. 우리말을 잘해야 외국어를 잘할 수 있다는 말이다.

소설을 비롯하여 여러 영어 원서를 읽다 보면 번역서(한국어)와 원서(영어)의 느낌이 많이 다르다는 걸 알게 된다. 유능한 번역가의 번역이라면 새로운 언어 세계를 볼 수 있어서 유익이 된다. 하지만 그렇지 못할 경우 원서의 내용을 왜곡할 수 있다. 그래서 어떤 때는 번역서보다는 원서로 읽을 때 내용과 의미를 훨씬 더 정확히 파악할 수 있다.

혹시 네덜란드에서는 어떻게 영어 공부를 시키는지 궁금하니? 네덜란드의 경우, 아무래도 영어와 같은 게르만어파에 속하는 데다 단어도 비슷한 게 많아서 우리와 비교하기는 어렵다. 고등학교를 졸업하려면 영어 소설을 50권씩 의무적으로 읽어야 한다더구나. 원서 다독多讀, 많이 읽기을 강조하는 셈이지. 굉장히 효과적인 어학 공부법이라 생각한다. 많이 읽은 것을 바탕으로 많이 쓰고 많이 말하는 게 그들의 영어 공부 또는 영어 교육 방식인 셈이다.

우리나라처럼 일상생활에서 영어로 소통하는 환경이 안 되는 경우, 풍부한 원서 읽기를 통해 영어 실력을 키워 나가는 게 현실적이고 좋은 방법이라고 본다. 그러면 자기 실력에 견주어 어느 정도 수준의 영어 원서를 택해야 할까? 아주 쉽게 술술 읽을 수 있는 것보다는 약간 어려운 수준이 좋다. 다시 말해, 한 페이지에 모르는 단어가 서너 개 나오는 정도면 된다. 책을 읽는

데 한 줄 읽을 때마다 계속 모르는 단어를 찾아야 할 정도라면 재미가 없어서 못 읽는다. 그래서 영어 성경을 읽으라는 이야기다. 성경은 웬만큼 그 내용을 들어서 알고 있으니까, 영어로 된 성경을 읽어도 내용을 대략 알 수 있다. 영어 성경을 읽을 때는 요한복음부터 시작하는 게 좋다. 요한복음이 다른 성경 본문에 비해 쉽기 때문이지. 요한복음, 요한일서, 요한이서, 요한삼서 순으로 읽은 다음 마태복음으로 다시 돌아가서 순서대로 읽으면 훨씬 쉬울 것이다.

물론 공부하려고 영어 성경을 읽는다는 게 말처럼 쉬운 일은 아니다. 그래서 매일 큐티(경건의 시간) 시간에 영어 성경을 읽으면 좋지 않을까 한다. 큐티 교재에 나오는 성경 구절을 먼저 읽고 묵상한 다음 영어 성경을 읽되, 그 묵상 구절이 포함된 한 장을 통째로 읽으면 굉장히 좋을 게다. 무엇보다 날마다 꾸준히 일정량을 읽는 게 대단히 중요하다. 나는 예전에 킹제임스성경KJV을 읽었는데, 좀 더 무난한 건 신국제역성경NIV이 아닐까 한다. 물론 그보다 더 쉽게 나온 영어 성경으로 TNIVToday's New International Version나 ESVEnglish Standard Version도 있긴 하지.

영어는 그 자체로 그리 좋은 언어는 아니다. 그러나 오늘날 세계의 경제 강국, 또는 정치적으로나 문화적으로 큰 영향력을 행사하는 나라들이 사용하는 언어가 바로 영어다. IT(정보기술) 콘텐츠도 대부분 영어로 이루어져 있고, 국제 업무 시 의사소통 또한 영어로 한다. 오늘날 영어는 미국이나 영국의 언어가 아니라 세계의 언어가 되었기 때문에 외국인과 접촉하는 데 필수적인 수단이 되고 말았다. 그러므로 세계화 시대에 결코 무시할 수 없는 도구가 아닐 수 없다.

영어에 능통하면 외국 문화를 쉽게 접하고 이해할 수 있으며, 새로운 지식과 정보를 다른 사람보다 빨리 획득할 수 있고 자신의 생각을 더 많은 사람들에게 전달할 수 있다. 교수로 일할 때 나는 영어 덕을 많이 보았다. 비교적 짧은 시간에 많은 책을 읽고 이해할 수 있었기 때문이다. 물론 어려운 책은 영어를 잘 안다 하여 이해할 수 있는 것은 아니지만, 역시 영어를 모르고는 다른 지식이 많아도 이해하기 어려운 책이 많다.

그러나 모든 사람이 영어를 잘해야 할 필요는 없다. 영어를 잘 못해도 만족할 수 있는 직업과 활동이 얼마든지 있고, 영어를 몰라도 성취할 수 있는 멋진 일들이 수없이 많다. 자신이 어떤 직업 혹은 활동을 선택하느냐에 따라 영어를 능숙하게 잘하지 않아도 된다.

그러나 영어를 잘하고 싶거든 꾸준히 노력하기 바란다. 적어도 나의 경험에 의하면 하루도 빼놓지 않고 꾸준히 영어책을 읽고 외우는 것, 그리고 영어를 많이 듣는 것이 학원에 가서 배우는 것보다 더 도움이 되더구나. 영어 시험 점수에 연연하지 말고 꾸준히 노력하며 쉽게 포기하지 말기 바란다.

3장

어떻게 살아야 잘 사는 걸까요?

물음표 여덟,

작은 관심이
사회를 바꿀 수 있을까요?

 사람들은 흔히 인생을 '길'에 비유하지. 인생을 산다고도 하지만 (인생길을) '걷는다'고도 하지 않던? 길이란 앞으로 걸어가야 하지만, 더러 뒤를 돌아보기도 해야 하는 법이다. 70년 넘게 걸어온 내 인생길을 돌아보니 많은 감회가 스치는구나.

 이제까지 나는 30년 넘게 선생 노릇을 했다. 대학교에서 교수로 젊은이들을 가르쳤지만, 학교가 아닌 교회나 사회의 여러 현장에서도 기회 있을 때마다 '선생' 노릇을 해왔다. 이와 더불어 지금껏 우리 사회를 좀 더 건강하고 정의롭게 가꾸기 위한 일도 더러 해왔다. 그러고 보면 내 인생길은 하나의 방향, 같은 목적지를 향해 이어져 온 두 갈래 길인지도 모르겠다는 생각이 든다.

교수와 시민운동, 한 방향을 향한 두 길

한국외대에서 철학을 가르치던 1982년, 장애인 운동에 처음 참여하게 되었다. 1979년 장애인 복지와 인권, 장애인 선교를 위해 설립된 한국밀알선교단과 인연을 맺었지. 이를 시작으로 1987년엔 기독교윤리실천운동, 1989년엔 경제정의실천시민연합(경실련) 설립에 주도적으로 나서게 되었고, 1993년에는 밀알복지재단이 설립되어 2004년까지 초대이사장을 지내며 밀알학교를 세우는 일에 관여한 바 있다.

내가 2003년까지 대학 교수로 가르치면서 이러저러한 시민운동을 계속해 오다 보니, 어떤 사람들은 내게 '교수'와 '시민운동가'가 서로 다른 일인데 어떻게 그렇게 오래 함께해 왔느냐고 물어보더구나. 그 자체로는 도무지 비슷한 점이라곤 없으니 서로 다른 일이라고 생각할 만하지만, 내겐 근본적으로 같은 일이었다. 어느 한쪽을 선택하는 문제가 아니라 공통된 하나의 목적을 향해 가는 '같은 길'이었던 거야.

고대 그리스 전통에 따르면, 학문 활동은 진리 발견 그 자체에 의미를 두는 일이다. 제자들을 깨우치고 그들이 깨달음을 얻는 것 자체가 의미 있는 일이라는 거다. 이와 달리 히브리 전통에 따르면, 진리 그 자체가 목적이 아니라 진리를 깨달아 구원을 얻고 실천하는 게 더 의미 있는 일이다. 철학은 본디 그리스 전통 위에 서 있는 거지만, 내게는 '앎' 자체보다는 앎을 통해 인간과 사회에 어떤 유익을 끼칠 수 있는가 하는 게 중요했다. 정신은 학교 강단과 연구실에 속해 있었지만, 두 발은 연구실 너머 캠퍼스 바깥의 사회 현실을 향해 있었던 거지.

가르치는 일과 시민운동을 병행하다 보니 개인적인 여유 시간을 누릴 수 없었지만, 그건 오롯이 감수해야 하는 일이었다. 교회 수련회 갈 때를 제외하고는 개인 휴가를 간 적이 없었지. 또 한 가지는 아무래도 논문 연구나 집필 활동에 시간을 많이 할애할 수 없었다는 거다. 학교 강의는 소홀히 하지 않으려 했고, 그 원칙만큼은 잘 지켰다는 게 위안이라면 위안이랄까.

교수가 왜 장애인 운동을…?

대학 교수로 있으면서 연구하고 글 쓰고 개인 시간도 좀 가져야지 뭐하러 힘들게 시민운동을 시작했느냐고? 더구나 다른 것도 아닌 장애인 운동을? 그건 내가 장애인에 대해 각별히 긍휼의 마음을 품었다거나, 우리 가족 중에 장애인이 있어서가 아니었다.

내가 유학을 마치고 돌아온 1970년대 초반, 우리 사회는 진보 지식인들이 노동자와 농민, 도시 빈민을 위한 운동을 열정적으로 펼치는 분위기였다. 그때 나는 그들보다 장애인이 훨씬 더 소외되고 어려운 계층이 아닌가 하는 생각을 했다. 당시 노동자나 도시 빈민이 사회적 약자였던 건 사실이었으나, 그럼에도 그들은 최소한 일상 활동과 이동의 자유가 있었거든. 반면 장애인들은 거의 집 안에 갇혀 지내거나, 그 존재 자체가 가족 안에서든 사회에서든 전혀 인정받지 못하는 현실이었다.

감성적으로 장애인에 관한 특별한 경험이 있었다기보다, 이성적으로 차분히 따져 보니 장애인이 우리 사회에서 가장 고통받는 약자라는 생각이 들었던 거다. 그래서 그들의 권익權益, 권리와 그에 따르는 이익을 보호하고 차별을 고쳐 나가는 일을 하자고 마음먹었던 거다. 그리스도인이자 사회의 한 구성원으로서 우리 사회의 가장 약한 자들의 고통을 줄이는 데 힘을 보태자고 마음먹은 건 그저 자연스럽고 마땅한 일이 아니었나 한다. 그렇게 개인적인 생각에서 시작한 일이 시간이 지나면서 활동 범위가 넓어지고 커나간 거지, 처음부터 무슨 '사회적 운동'을 해보자는 생각을 품었던 건 아니었다.

1976년에 서울 논현동에 서울영동교회를 개척하면서 교회 안에 '사랑부'를 만들었다. 정신지체아를 위한 우리나라 최초의 주일학교였는데, 그때 장애아를 키우는 가정을 일일이 찾아다니며 아이를 주일학교에 보내시라 하니까 우리 집엔 그런 아이 없다며 손사래를 쳤다. 교인이든 교인이 아니든 반응은 똑같았다. 하나같이 그런 장애아가 없으니 오지 말라더구나. 당시 장애인에 대한 우리 사회의 현실이 그러했다.

그러다 1979년에 연구 기간을 맞아 네덜란드에 갔을 때, 현지 교회에 예배를 드리러 갔다가 놀라운 광경을 보게 되었다. 뇌성마비 장애아를 안고 예배에 참석한 아이 엄마의 모습이 굉장히 자연스럽고 당당해 보였다. 더구나 다른 교인들이 그 아이와 엄마를 반기고 안아 주고 쓰다듬어 주고 하더구나. 그 모습이 충격이었다. 그때만 해도 우리 사회에서는 장애아를 그렇게 예뻐하고 관심을 보이는 모습을 도무지 찾아볼 수 없었거든. 그 장면이 지금도 잊히지 않는다. 그 경험이 나를 장애인 복지와 권익을 위한 일에 더 매달리게 했는지도 모르겠다.

약자의 고통 해소가 곧 '사회정의'

당시 나는 KBS에서 〈손 교수의 인간가족〉이라는 프로그램에 출연하고 있었다. 방송 중에 내가 하도 장애인 이야기를 많이 하니까 담당 PD가 "엔지"(NG)를 외치면서 자꾸 녹화를 중단시키더구나. 그 얘기는 이제 그만하라는 거였지. 그때만 해도 장애인이 우리 사회에서는 거의 인간 이하 취급을 당하는 시절이었으니, '장애인 복지'라는 말은 아예 있지도 않았다. 그래서 어디든, 어떤 상황이든, 나를 부르는 곳이 있고 말할 기회가 주어지면 나는 끊임없이 장애인 이야기를 했단다.

1990년대 초반 김영삼 정부 시절에 청와대 수석, 장관, 국무위원 등 고위 공무원들이 모인 자리에서 강의할 기회가 있었다. 그때도 내리 15분간 장애인 이야기만 했다. 그 자리에서 이런 얘기까지 한 기억이 난다.

"국가는 강자가 아니라 약자를 위해서 존재하는 데 그 의의가 있습니다. 그런데 우리 국가가 우리 사회의 최약자인 장애인을 위해서 무슨 일을 했습니까?"

모임이 끝나자 복지부 장관이 내게 다가와 고맙다고 했다. 복지부가 워낙 힘이 없는 부서여서 발언권이 약한데 자기네가 할 말을 내가 대신 해주었다는 얘기였다. 장애인 주차 구역이 그때 처음 만들어졌다. 그 덕에 나중 김영삼 대통령이 장애인 복지에 기여한 공로로 수여하는 루즈벨트 상을 수상했고.

그 이전 전두환 정부 시절에도 당시 청와대 수석을 맡고 있던 분을 찾아가서 이런 말을 한 적도 있다.

"다음 선거에서 이기려면 장애인을 먼저 보호하세요. 우리나라 인구의 10분의 1이 장애인입니다. 가족을 포함하면 4분의 1 정도는 될 겁니다. 그러니 그들을 위해서 좋은 정책을 만들고 노력하세요."

궁극적으로 시민운동은 '약자를 보호하는 운동'이다. 그 약자를 보호하는 게 곧 기독교에서 말하는 '정의'justice다. 성경은 고아와 과부를 돌보아 주고 괴롭히지 말라고 가르친다. 예수님도 당시 사회적으로 가장 약자였던 병자나 세리, 창녀들에게 관심을 쏟으시지 않았나? 성경에서 사도 바울이 "지금 여러분의 넉넉한 살림이 그들의 궁핍을 채워 주면, 그들의 살림이 넉넉해질 때에, 그들이 여러분의 궁핍을 채워 줄 수도 있을 것입니다. 이렇게 하여 평형이 이루어지는 것입니다"(고후 8:14)라고 말한 게 기독교적 정의에 해당한다. 이게 성경이 가르치는 정의다.

그들의 고통이 우리와 관련 있는 이유

사회적으로 고통받는 약자가 없는 나라는 없다. 장애인, 고아 등 이들은 말 그대로 약자인 탓에 눈에 보이지 않는 그늘에 가려진 채 살아가기 십상이다. 그런데 우리가 이들의 현실에 눈을 뜨고 이들의 고통을 줄이는 일에 참여해야 하는 이유는 무엇일까? 왜 그래야 하는 걸까?

여러 근거가 있겠지만, 무엇보다 모든 인간은 하나님 앞에서 동등한 권리를 누려야 한다는 거다. 이는 당위이자 보편적 원칙이다. 과거에는 인간의 고통이 자연에 의해 닥쳐오거나 선천적으로 타고나는 경우가 많았다. 그러나 현대 사회에서는 사람에게서 비롯되는 고통이 많다. 그래서 사회 구성원이 다 함께 책임을 나누어 지는 게 옳다고 생각한다.

나는 '고통 총량 불변의 법칙'이라는 말을 만들었다. 어떤 사람이 고통을 당하면 반대로 다른 누군가가 이익을 본다는 뜻이다. 그 이익에는 우리가 다 직간접적으로 연결되어 있다. 최근 보건복지부에서 조사한 자료를 보니까, 장애인의 90.5퍼센트가 후천적인 요인, 곧 살아가면서 장애를 입은 경우라고 하더라. 한 사회의 구성원으로 살아가면서 장애인이 된 경우라면 사회가 책임져야 하지 않겠니? 사회가 그들의 존엄성을 보호하는 게 맞다는 얘기다. 이는 시혜施惠, 은혜 베풂가 아니고 '의무'다.

장애인 문제는 '동정심'에 바탕을 둔 혜택이나 특혜가 아니라, 한 사회가 마땅히 짊어져야 하는 '도덕적 책임'으로 다가가야 한다. 우리에게는 마땅한 의무로, 그들에게는 당연한 권리로 받아들여야 하는 것이다. 과거에는 '자선 사업'이라고 했다. 불쌍히 여겨서 도와준다는 말인데, 어느 누구도 동정심은 바라지 않는다. 마땅한 권리로 당당히 누리도록 해야 하는 거다.

사회적 약자들은 개인에게서 은혜나 적선 받는 것을 좋아하지 않는다. 그건 자존심을 상하게 할 수 있는 일이다. 제도와 법에 따라 마땅히 받아야 하는 권리로서 혜택을 받는 건 자존심 상하는 일이 아니니까 그런 방식이 더 바람직한 거다. 따라서 복지 분야에서 일하는 사람도, 자신이 한 사회 구성원으로서 마땅한 의무를 다하는 거라고 생각해야지 자선을 베푼다고 생각하면 안 된다.

세계적 정신지체장애인 공동체 라르슈 설립자 장 바니에 신부는 《희망의 사람들 라르슈》에서 "고통받는 이들과 함께 걸어가면서 나는 나 자신의 가난함에 부딪혔다"고 고백한 바 있다. 또한 "고통받는 이들, 가난한 이들은 우리의 한계와 연약함, 어두운 면을 보게 한다"면서, "그것이 바로 우리가 그들을 사회로부터 격리하고 가두고 배척하는 이유"라고 말했지.

다른 이들의 고통이 줄어드는 게 우리의 기쁨이 된다. 그건 흔히 말하는 소유나 성취의 기쁨과는 전혀 다른 차원의 기쁨이다. 이건 단순히 개인의 기쁨으로 끝나지 않는다. 약자들의 고통을 줄이는 건 사회 정의와도 깊이 연관되어 있다. 무엇보다 사회적 약자들의 고통이 줄어들면 사회 갈등이 줄어들거든. 우리나라처럼 계층 간 갈등이 큰 나라는 사회 갈등에 따른 비용이 상당히 많이 든다. 한 민간경제연구소 발표를 보면 1년에 270조 원이 사회적인 갈등으로 인해 소모된다고 하더구나.

내가 손해 봐야 타인의 고통이 줄어든다

돌아보면 내가 걸어온 인생은 결국 우리 사회 약자들의 고통을 줄이는 데 초점 맞춰져 있었다. 대학에서 학생들을 가르친 일이나 여러 시민단체 활동이나 교회 생활이 모두 그 하나의 목적에 닿아 있었다. 철학을 하든 시민단체를 세우든 교회를 세우든 그 모든 일은 사회적 약자들의 고통을 줄여 보자는 것 하나였다. 그들의 고통을 줄이기 위해서 필요하다면 사회를 바꾸고 변화시켜야 한다는 생각을 했지. 그걸 사명감이라고 부를 수도 있을 게다.

내가 밀알재단 이사장으로 있을 때였다. 사립초등학교 설립 신청을 하러 교육청에 갔더니 이런 얘길 하더구나.

"지금 특수학교가 너무 부족합니다. 그러니 이왕이면 장애인을 위한 특수학교를 세워 주시면 좋겠습니다."

그래서 남서울은혜교회가 상당한 투자를 하고 본래 초등학교를 지으려던 땅에다 장애인을 위한 특수학교인 밀알학교를 지었다. 당시 공사 과정에서 지역 주민들이 얼마나 극렬히 반대했는지 모른다. 공사를 막으려고 트레일러를 세워 놓고는 한겨울에 주부들이 거기서 잠을 자면서 시위를 벌이기도 하고, 학교 연구실로 찾아와서 악다구니를 벌이기도 했다. 얼마나 독한 악담을 하는지 그 말을 가족에게는 차마 할 수가 없더구나. 경찰서에 도움을 요청해도 경찰조차 손을 놓고 있었다. 주민들이 나를 고발해서 검찰에도 불려 다녔던 힘든 시기였지.

그때 계속 검찰에 불려 다니고 조사받고 손도장도 찍고 적 많이 고초를 겪었지만, 그 일을 시작한 걸 결코 후회한 적이 없다. 당연한 일이라 생각했으니까. '고통 총량 불변의 법칙'이라는 말도 했지만, 다른 사람들의 고통을 줄이려면 내가 손해를 봐야 하는 거다! 아무 손해나 희생도 입지 않고 다른 사람들의 고통을 줄이거나 없애는 방법을 나는 모른다.

요즘 나는 특별히 아프리카의 장애인 문제에 관심이 많다. 아프리카 남동부에 말라위라는 나라가 있다. 인구 1천5백만 명 정도 되는 이 나라에 장애인 시설과 장애인 작업장 등 건물을 짓는 데 작은 힘이나마 보태고 있다. 이 일은 내가 죽기 전에 이루고 싶은 꿈과 관련이 있지. 그것은 지구상에서 가장 가난한 나라의 장애인들을 돕는 복지법인을 세우는 일이다. 이 일을 위해 아내와 함께 의논해 나가는 중이다. 얼마 안 되는 내 재산을 어떻게 하면 가장 가치 있게 쓸 수 있을지 고민하고 있다.

요즘에는 학교에서 수행평가라는 이름으로 정해진 시간만큼 '봉사활동'을 해야 하는 걸로 알고 있다. 본디 이런 전통은 미국에서 생겨난 것이다. 미국에서는 아무리 학업 성적이 좋아도 자원봉사나 헌혈 등 사회봉사에 참여한 적이 없으면 좋은 학교에 진학할 수가 없다. 다만, 그런 활동을 점수로 기록하지는 않고 면접 과정에서 묻고 답하거나, 그 경험을 글(에세이)로 써서 제출하게 하지.

우리나라에서는 그게 쉽지 않은 일이다. 대학 진학은 첨예하고 뜨거운 문제이기에 객관적인 점수로 환산한 데이터 없이 합격 여부를 결정했다가는 무슨 논란과 항의가 발생할지 모른다. 그런 까닭에 봉사활동을 점수로 매겨 평가하다 보니 '봉사활동'에 대해 부정적인 이미지를 갖게 되는 측면도 없지 않은 듯하다. 하지만 비록 점수 때문에 하게 되었더라도, 막상 하다 보니 '봉사활동이라는 게 참 멋지구나, 정말 좋은 경험이다' 하며 깨닫는다면 좋은 일 아니겠니? 한 예로 골프를 굉장히 좋아하는 어느 대기업 임원 한 분이 있었다. 어느 날 골프 시간이 되었는데도 안 나타나기에 누군가 물으니 '봉사활동' 하러 갔다는 거다. 골프보다 봉사활동이 훨씬 좋아서 골프 치는 것조차 미룰 정도였다는 얘기다.

너희들도 부디 점수 때문에 마지못해 하지 말고 그 의미를 잘 살려서 열심히 봉사활동에 임하기 바란다. 그게 우리 사회를 좀 더 정의롭게 할 뿐 아니라, 자신에게도 결국 이익이 되는 일이다. 물론 봉사활동을 하지도 않았는데 거짓 서류 떼는 일은 철저히 없어져야 한다. 그런 건 요청하지도 말고, 응하지도 말아야 하는 일이다.

미국 하버드 대학 교수였던 콜버그 박사의 '도덕성 발달 이론'이라는 게 있다. 그에 따르면, 다른 사람의 처지를 고려하고 그 사람의 입장에 서는 건 굉장히 성숙도가 높은 경우에 속한다. 사람의 경우 어린 아기일 때가 최대 이기주의 단계라 할 수 있지. 사회도 마찬가지다. 사회의 성숙도가 낮고 원시 사회일수록 이기주의가 강하다는 것이다.

　너희들 시기에 약자를 배려하고 그들의 고통을 줄이기 위해 작은 관심, 작은 노력 하나라도 실천해 나가는 일이 참 어렵다는 것 잘 안다. 그래도 그게 옳고도 중요한 일이니 강조하지 않을 수 없구나. 철저하게 자기 앞일만 챙기려는 사람은 결국 자기 앞가림도 제대로 못 하게 된다. 그건 참 바보같은 짓이다. 결국에는 다른 사람을 배려하고 도와야 나도 득을 본다. 얄미운 이기주의자는 누구에게나 얄미운 사람이 되어서 결과적으로는 잘되지도 못한다. 조금 손해 보는 것이 결국 자기에게 이익이 된다. 우리 사회의 약자들과 함께 모두가 잘 사는 것, 그게 진정 나도 잘 살 수 있는 길이다.

물음표 아홉,

어떻게 해야
행복해질 수 있나요?

"지금, 행복하세요?"

이 질문 앞에서 "네, 그럼요!" 하고 서슴없이 답할 수 있는 10대들이 얼마나 될까? 불행한 삶을 원하는 사람은 없을 테지만, 정말 진정한 행복을 누리며 사는 사람은 그리 많지 않은 것 같구나.

사람들은 대부분 '현재의 조건이 내 뜻대로 바뀌면' 행복할 거라 생각한다. 돈이 많아진다면… 얼굴이 예뻐진다면… 좋은 집에 산다면… 저분들이 우리 엄마 아빠라면… 좋은 대학을 간다면… 몸매가 날씬해진다면… 애인이 생긴다면… 병이 낫는다면…. 장차 어찌 될지 알 수 없는 앞날의 행복을 바라면서 정작 현재의 시간에는 행복해하지 않는다.

내 **행복 비결**은 경쟁 없는 분야를 욕망하는 것

행복이란, 가장 보편적인 의미로는 '욕망이 채워지는 것'이다. 철학에서 말하는 행복도 이와 다를 바 없다. 고대 그리스의 철학자 아리스토텔레스는 "모든 인간에게는 가능성이 주어져 있는데, 그 가능성을 현실화하는 것이 행복"이라고 했다. 쉬운 예를 들어 볼까? 나무의 근본 목적은 열매 맺는 것이지. 그렇기에 열매를 맺을 때에야 나무는 행복하다는 것이다.

그리스 철학자 가운데 에피쿠로스Epikouros라고 들어봤는지 모르겠다. 흔히 그를 쾌락주의 철학의 창시자라고 말하고, 그의 사상을 따르는 이들을 에피큐리어니스트epicureanist, 곧 쾌락주의자(향락주의자)라고 부르지. 그런데 에피쿠로스가 추구한 쾌락은 육체적이고 물질적인 것이 아니었다. 오히려 물질적 욕심을 줄이고 절제함으로써 진정한 (정신적) 쾌락을 누릴 수 있다고 주장했지.

근접한 예로는 19세기 중반 영국의 철학자 벤담으로 대표되는 공리주의功利主義, utilitarianism가 있다. 그는 "최대한 많은 사람들이 최대한 높은 농도의 행복을 누리는 것이 도덕적 선善"이라고 주장했지. 이른바 "최대 다수의 최대 행복"the greatest happiness of the greatest number 말이다.

성미 급한 친구들은 내게 이렇게 물어보고 싶을 게다. "오랫동안 철학을 공부했고 또 가르치셨으니까 할아버지가 느끼고 경험하시는 행복은 좀 다를 것 같아요. 할아버지는 어떤 때 행복하세요?"라고.

글쎄다. 나라고 크게 다를 게 있겠니. 내가 시험에 합격했던 일, 우리 집 아이들이 대학 입시에 붙은 일, 그들이 가고 싶어 한 직장에 들어간 일, 손녀들을 품에 안은 일…. 그런 일반적인 행복을 나도 누리며 살아 왔다. 답이 너무 뻔해서 실망했니?

돌아보면 큰 욕심 부리지 않고 살아 온 셈인데, 나 스스로 과한 욕심을 부리지 않음으로써 행복해지는 법을 배운 게 아닌가 싶다. 욕심이란 건 커지면 커질수록 그걸 채우기가 불가능하다. 그 욕심을 넘치도록 채우기 전까지는 계속 불행할 수밖에 없다. 그런 걸 어리석음이라 부를 수 있겠지.

나는 대체로 작은 바람과 이상, 목표를 세워 그걸 이루어 가는 걸 즐기려 노력했다. (물론 이는 어느 정도 내가 성숙하고 나서 터득한 생각이다.) 또한 다른 사람들이 바라거나 욕심내지 않는 그런 행복을 추구해 왔다. "세상에 그런 행복도 있어요?"라고 묻고 싶니? 당연히 있다! 다른 사람들을 돕는 일, 사회적 약자들의 고통을 줄이는 일은 세상 사람들이 모두 욕심내며 몰려드는 분야가 아니다. 그건 내가 바라고 욕심내는 일이었기에 그 일을 할 때 나는 무척 행복했다. 게다가 남을 돕는 일에는 경쟁이 거의 없어서 별로 힘들지 않고 행복을 얻을 수 있었다.

나무나 풀을 좋아하는 나는 잠이 안 오거나 마음이 심란할 때 나무를 생각한다. 우리 집 마당과 뒤란에 있는 싱싱한 나무를 떠올리곤 하지. 어떻게 하면 화초를 더 예쁘게 가꾸고 기를지 궁리하는 것이다. 그러면 저절로 행복해진다. 삶이 즐거워진다. 이런 행복을 얻는 데는 스트레스나 힘겨움이 따르지 않는다.

지금 사는 집이 자연과 가까운 것도 내겐 행복이다. 집 뒤 골짜기로 흐르는 물길을 따라 올라가다 보면 굉장히 행복해진다. 내가 나무와 풀과 꽃, 자연을 추구하고 즐긴다고 하여 다른 사람이 불행해질 일이 있겠니? 나의 이런 행복 추구를 다른 사람이 시기하고 질투할 일이 있을까?

내 행복 철학을 말하자면 '비경쟁적 분야에 욕망을 가지는 것'이라고 할 수 있다. 가령 내가 돈을 많이 벌어야겠다, 좋은 집과 차를 가져야겠다 하면 그건 이 세상 거의 모든 사람들이 품는 욕망이기에 치열한 경쟁이 뒤따른다. 그러니 얻는 사람보다는 얻지 못하는 사람이 훨씬 더 많이 생기기 마련이지. 결과적으로 서로 시기 질투하게 되고, 욕망을 충족시키지 못한 사람은 상대적 박탈감과 불행을 경험한다. 심지어 심각한 부작용이 생기기도 하지. 돈을 많이 벌기 위해 사기를 치거나 사람을 해쳐서 감옥에 가는 일 말이다.

공리주의 철학자 벤담은 흥미롭게도 "행복을 계산할 수 있다"고 주장하면서, 그 기준의 하나로 '순수성'purity 을 제시했지. 그에 따르면 나무와 화초 가꾸기는 순수한pure 행복에 포함된다. 다른 불순물과 섞이지 않은 순금이 비싸듯, 순수한 행복일수록 오래 지속되고 또 넓게 퍼져 나가 여러 사람을 행복하게 한다.

그러면 돈을 많이 벌 때 경험하는 행복은 어떨까? 갑자기 돈을 많이 벌게 되면 분명 행복할 것이다. 그런데 그 돈을 몽땅 사기당하거나 도둑맞거나 순식간에 잃게 된다면 어떤 마음일까? 하물며 "사촌이 땅을 사면 배가 아프다"는 속담이 괜히 있는 게 아니다. 누군가 돈을 많이 벌게 되면, 그렇지 못한 사람이 상대적 박탈감을 느끼게 되니 누군가의 행복은 곧 다른 누군가의 불행이 되는 셈이다.

하급가치 가 주는 행복에만 몰려가는 시대

물론, 물질적인 요소가 너무 부족해도 인간은 행복할 수 없다. 굶주림이나 육체적 질병을 행복이라고 하지는 않듯이, 육체적·물질적으로 기본이 갖춰지지 않은 상태에서 행복을 말할 수는 없다. 인간적 삶을 위한 기본 요건이 충족되는 것은 중요한 일이다. 문제는 중요하고 가치 있는 것은 모두 물질적인 것을 통해서 얻을 수 있다는 논리, 그런 생각이 갈수록 더 팽배해진다는 거다.

과거에는 돈과 바꿀 수 없는 것들이 많았던 반면, 오늘날은 돈이 있어야만 할 수 있는 것들이 많아졌다. 그러니 다들 이렇게 말한다. "돈이 최고다." "돈 없으면 아무것도 아니다." "돈만 있으면 못할 게 없다."

세상에는 크게 두 종류의 가치, 곧 '고급가치'와 '하급가치'가 있다. 교육이나 지식, 교양이 없어도 누구나 본능적·동물적으로 추구하는 돈, 권력, 명예 등은 하급가치에 속한다. 이 하급가치는 누구나 더 많이 가지고 싶어 하고, 할 수 있는 한 혼자만 독점하려 들고, 다른 사람과 나눠 가지려 하지 않는다. 이처럼 하급가치는 경쟁적 속성을 지니며, 이를 추구하는 사람들이 많으면 많을수록 사회는 그만큼 더 경쟁이 치열해지고 갈등과 시기가 고조되게 되어 있다.

이와 달리 고급가치는 지혜, 사랑, 아름다움 등 동물적 본능을 뛰어넘어 교육이나 인격 수양이 필요하며 비경쟁적이고 남을 이롭게 하는 가치를 말한다. 그러니까 고급가치를 추구하는 사람들이 많은 사회는 그만큼 평화롭고 성숙하게 마련이다.

'인생의 목적은 행복'이라고 할 때, 대다수 사람들이 고급가치보다 하급가치를 행복의 수단으로 여긴다면 그 인생의 목적은 지극히 적은 사람만이, 더구나 굉장히 어렵게 이룰 수밖에 없다. 그런 식의 행복 추구는 결과적으로 '더불어' 행복한 사회보다는 '내가 더' 행복한 경쟁적 사회를 낳고야 말 것이다.

너희들도 잘 알겠지만, 일반적으로 한국 사회에서는 마치 '좋은 성적·점수―(좋은) 대학―성공(돈·명예)―행복'을 일종의 행복 공식처럼 여기는 경향이 강하다. 만일 이 공식이 맞다면, 주로 하급가치의 행복을 강조하고 경쟁적으로 추구하는 우리나라 사람들이 그만큼 행복해야 하지만 실상은 전혀 그렇지 않다.

영국의 경제 연구소인 레가툼 인스티튜트Legatum Instute가 2007년부터 해마다 발표하는 '레가툼 번영 지수'LPI, Legatum Prosperity Index라는 게 있다. 2012년 5월에 발표한 내용을 보면, 우리나라 국민의 평균 삶 만족도Average Life Satisfaction, 즉 행복 지수는 조사한 나라 142개국 가운데 104위였다. 이른 바 선진국 그룹이라는 경제협력개발기구OECD 34개국 중에서는 24위였고. 거의 최하위권이나 다름없는 결과가 나온 이유는 뭘까?

첫째는 엄청난 경쟁 문화다. 우리 사회는 지나치게 1등만 중시하고 가치 있게 여긴다. 올림픽 메달 집계 경향만 봐도 알 수 있다. 다른 나라들이 메달의 전체 합계로 순위를 매기는 데 비해 우리나라는 금메달만으로 순위를 결정하지. 또 이런 얘기가 있다. 75점 받고 1등하는 것과 95점 받고 1등 못하는 것 둘 중 어떤 걸 원하냐고 물으면, 75점 받더라도 1등을 원한단다. 도가 지나친 비합리적 경쟁심을 보여 주는 대표적 예라 할 수 있다. 치열한 경쟁 문화를 적절하게 조절하는 페어플레이가 있어야 하는데, 우리 사회에는 이 페어플레이가 제대로 정착되지 않아서 갈등이 높다(OECD 국가 중 2위라는구나).

둘째는 낮은 도덕 수준이다. 이 문제는 종교적 배경 요인을 무시할 수 없지. 내세를 인정하지 않고 인격적인 신을 인정하지 않으니 오로지 이 세상에서 수단 방법 가리지 않고 입신양명立身揚名, 출세하여 이름을 떨침하려 하는 것이다. 출세와 성공이 마치 종교적 구원에 버금가는 목표가 되어 버리니까 그 과정에서의 페어플레이는 별 의미가 없어지는 거다.

그러면 이런 과도한 경쟁 문화를 바로잡아 사회 전체의 행복지수를 높이려면 어떻게 해야 할까? 내 생각으론 비경쟁적인 분야의 가치를 높이는 길밖에 다른 방법이 없어 보인다. 돈, 명예, 권력처럼 경쟁적 분야로만 몰려가는 분위기를 사랑, 봉사, 자연 등 비경쟁적 분야로 돌리는 거지.

이런 일은 기독교인들이 나서서 주도해야 하는데, 사실상 이미 실패한 것 같아 안타깝기 그지없다. 교회에서조차 이웃을 잘 섬기고 겸손히 나누는 사람보다는 장관이나 국회의원, 재산가나 기업가들을 더 중시하고 높이는 걸 보면, 하급가치에 목숨 거는 세상 가치관이 그대로 교회 안에 들어온 것이 아닌가 싶다. 명예나 돈이 없어도 겸손과 사랑의 섬김을 실천하는 이들을 교회에서 중시할 때, 그런 분위기가 세상으로 흘러 나갈 수 있을 것이다.

우리나라 10대들의 행복 지수는 OECD 꼴찌

물론 경쟁 속에서 정당한 방법으로 자신의 능력을 계발하여 자기 가능성을 실현했을 때 행복한 건 당연한 일이다. 다만 다른 사람보다 앞서야, 다른 사람보다 높이 올라가야 자신이 행복하다는 경쟁적 비교 의식으로는 결코 행복해질 수 없다는 얘기다. 그건 자신도 불행하고 심지어 다른 사람까지 불행하게 만들 수 있다.

지난 2014년 6월 한국방정환재단과 연세대 사회발전연구소가 전국 초등학교 4학년부터 고등학교 3학년까지 6,946명을 대상으로 '어린이·청소년 주관적 행복 지수'를 조사한 결과 74점이 나왔다고 밝혔다. 이는 선진국 그룹이라 부르는 경제협력개발기구OECD 회원국 중 최하위 점수로, 조사 시작 이래 6년 연속 꼴찌를 면치 못했다는구나. 여기서 '주관적 행복 지수'는 주관적 건강 상태, 학교생활 만족도, 개인 행복감 등 6개 항목에 대한 만족도를 수치화한 것이지.

일본 청소년들의 행복 지수도 매우 낮은 수치를 보였다. 이는 일본과 한국 사회의 경쟁이 굉장히 치열하기 때문이라고 한다. 그런데 중국은 의외로 미국과 비슷하게 행복 지수가 높은 편이었다. 그건 중국 사회가 마치 나의 옛날 중·고등학교 시절처럼 경쟁이 그리 치열하지 않아서란다. 미국은 워낙 다양화된 사회여서 한 줄 세우기가 없고 비교를 하지 않아서 그렇다는구나. 이에 비해 우리 사회는 다양성이 부족하고 한 줄 세우기로 사람을 몰아가는 분위기가 강하다. 남들 가는 곳에 우르르 몰려가니까 경쟁이 치열해지고, 그만큼 너희들이 스트레스에 시달릴 수밖에 없을 것이다.

기본적으로 너희 10대의 시기에는 해야 할 일들이 산더미처럼 많고 이런저런 고민거리도 많이 생긴다. 자신이 행복하지 않다고 느끼기 쉬운 시기지. 그게 정상이다. 누구나 너희들의 시기에는 고민도 많고, 힘든 일도 겪게 되고, 해야 할 일도 늘어난다. 그럴수록 지금 이 시기를 낭비하지 않았으면 좋겠구나. 10대 때 가치 있는 경험을 많이 하고, 매 순간 자기 일에 충실하게 살기 바란다. 그 순간들이 모여서 너희들의 행복 금고가 가득 채워질 것이다.

다시 생각해 봐야 할 '행복의 기준'

인간의 행복을 외적인 조건과 기준으로만 판단할 수 있을까? 예를 들어 제3자의 시선으로는 자폐아가 불행할 것 같지만, 사실상 주관적으로 그들 자신은 행복하다. 가까운 가족이 크나큰 어려움을 겪는 거지, 그들 스스로 불행해한다고 섣불리 판단하기는 어렵다.

송명희 시인은 뇌성마비 장애를 안고 태어나 평생을 육체적 고통을 안고 살아온 그리스도인이다. 이분의 겉모습을 보고 불행하다고 말할지 모르지만, 그분 스스로는 "공평하신 하나님"이 다른 사람에게 없는 것을 자신에게 주셨다고 노래한다. 장애를 '불편'하다고 말할 수는 있겠지만 '불행'하다고 할 수는 없다.

구약 성경 신명기에 보면 모세가 이스라엘 백성들에게 전하는 말씀이 나온다.

> 당신들이 행복하게 살도록 내가 오늘 당신에게 명령하는 주 당신들의 하나님의 명령과 규례를 지키는 일이 아니겠습니까(신 10:13).

하나님의 명령과 법도를 지키는 것이 행복해지는 길이라는 말씀이다. 달리 얘기하면, 하나님과의 관계가 깨져 있는 상태는 행복이 아니라는 거다. 그러니 송명희 시인이야말로 하나님과의 관계 안에서 행복을 누리며 살아가는 분이 아닌가 한다.

독일의 경제학자 카를 마르크스는 기독교의 가르침이 거짓이라면서, 기독교가 종교적 위로를 통해 아편처럼 사람들을 취하게 하여 현실을 비판하고 변혁하려는 열망을 꺾게 만들었다고 비판했다. 종교에 위로의 요소가 있는 건 사실이지만, 그걸 거짓이라고 볼 수는 없다. 기독교에는 사랑의 윤리가 있어서 자기 행복을 넘어 다른 사람의 고통을 덜어 주는 일에 헌신하게 한다. 그것은 결국 사회의 행복을 높이는 역할을 하니까 오히려 긍정적인 것이다.

요즘 행복의 심리학을 다룬 책들이 꽤 인기를 끄는 걸 보게 된다. 그런 책들이 말하는 행복은 개인주의적이고 자기중심적인 경향을 띠기 마련이다. 다시 말해, 자기의 행복을 중시하는 데만 초점을 맞추고 있다는 얘기다. 우리 사회는 엄연히 악이 있고 고통이 있다. 그걸 바로잡아서 고통당하는 사람들이 행복해져야 사회 전체가 더불어 행복하고 번영할 수 있는데, 내 행복과 내 성취에만 몰두해서는 해답이 없지 않을까 싶다.

앞에서 얘기한 영국 철학자 벤담의 행복 계산 기준 가운데 순수성 말고도 '지속성'이 있다. 행복은 강렬하지 않더라도 오래, 계속되는 것이 중요하다는 뜻이다. 다시 말해 불꽃놀이처럼 짧고 화려하고 강렬하기보다는 가로등처럼 화려하지 않아도 오래 이어지는 행복이 더 낫다는 의미다.

내 나이쯤 되면 모든 것에 시들해지고 무미건조해지기 마련이다. 그러니 지금 내가 강렬한 행복을 경험하기란 거의 희박한 일이다. 지금은 손녀들을 보는 게 내 크나큰 행복이자 즐거움

가운데 하나다. 과거 어느 때보다 나는 지금이 행복하다. 욕심이 없어져서 그런지도 모르겠다. 아무리 좋은 물건을 봐도 '내가 저걸 어찌 쓰겠나' 하는 생각이 든다. 누가 아무리 돈을 많이 준다 해도 '그걸 받아서 내가 뭘 하겠나' 하니까 스트레스가 없다. 스트레스라면 내게 맡겨진 책임과 역할, 봉사를 잘 감당해야 하는 부담 정도랄까.

집에서 나무 돌보고 꽃 가꾸는 일이 굉장히 즐겁다. 얼마 전에 마가목이라는 나무를 심었는데, 처음엔 그게 마가목이라는 것도 모르고 그저 나무가 마음에 들어서 심었다. 특히 나는 빨간 열매 맺는 나무를 좋아하는데, 지금은 산사나무를 주문해 놓고 기다리고 있다. 그 나무가 오기를 기다리는 이 시간도 행복이다. 나무가 오면 심고 물 주고 돌보는 시간을 상상하는 것만으로도 행복하다. 화초와 나무를 기르다 보면 자잘하게 손댈 일이 많다. 연못에 펌프를 넣고 호스를 연결하여 물 주는 장치를 만드는 것도 그런 일이다. 그런 일들이 매 순간 나를 행복하게 한다.

<u>물 음 표   열</u>,

왜 인생에는 고통이 끊이지 않는 걸까요?

    즐겁고 행복한 날은 총알처럼 지나가지만, 괴롭고 고통스러운 날은 달팽이 기어가듯 느리게, 그리고 지루하게 흘러간다. 인생에는 즐거운 시간도 있지만 괴로운 나날도 있게 마련이다. 나이, 성별, 소유, 국적, 인종, 종교와 무관하게 모든 인간은 고통을 겪는다.

    이 글을 쓰는 지금, 극심한 고통 중에 있는 친구들이 있을지도 모르겠다. 고통은 때와 장소를 가리지 않고 불쑥 튀어나와 우리 삶을 마구 휘젓고 쑥대밭으로 만들어 버린다. 고통을 일기

예보하듯 미리 알아채고 대비할 이 누가 있을까? 예견할 수 있다면 고통이 덜 힘겨울까? 이 나이가 되어도 고통에 관하여는 답보다 질문이 더 많은 것 같구나. 그만큼 고통이란 쉽사리 단정 지어 말할 수 없는, 인간이 헤아릴 수 없는 '신비'의 영역 아닐는지….

나라고 고통 없는 인생을 살았겠니

할아비 나이쯤 되면 누구나 인생의 쓴맛 단맛을 다 경험해 보았을 법하다. 힘겨운 시대를 살았던 우리 세대 사람들을 생각해 보면 내가 특별히 더 고통을 겪은 것 같진 않지만, 그렇대도 어찌 고통을 피할 수야 있었겠니. 굳이 오래 생각지 않더라도 몇 가지 기억이 떠오르는구나.

앞서 이야기했듯 우리 집안이 매우 가난했던 탓에 나는 중고생 때 입주 가정교사를 하며 학교를 다녔다. 그 시절 시골에서 경주 시내로 유학 와서 숙식이 해결되는 것만도 집안의 큰 짐을 더는 셈이었지. 하지만 한창 성장기였던 나이에 주인집 아들과 차별 대우를 받으면서 얹혀 지내는 것이 그리 쉽지만은 않았다. 좀 더 자라서는 군대에서 힘든 시절을 보냈다. 5·16 군사정변 이후, 부패한 군대에서 군수물자를 지키는 경비중대 보초를 맡으며 신앙과 양심을 지킨다는 건 온갖 고초를 각오해야 하는 일이었다.

사실 가난과 군대 경험이야 남다른 고통이라고 할 게 못 된다. 그 시절 그 정도 힘든 일이야 누구나 다 겪었으니까. 그런데 시간이 흘러 부모가 되고 나서 딸아이의 심장병 때문에 몇 년간을 숨이 막힐 정도로 짓눌려 살았던 시간이 있었다. 그 시절이 내 인생에서 가장 큰 고통의 시간이 아니었나 싶다. 끝이 보이지 않는 어둠의 터널 속을 휘적휘적 걸어가는 느낌이 그런 걸까….

딸아이가 태어났을 때, 병원에서 의사가 아이와 정을 떼라고 하더구나. 얼마 못 살 거라고. 1970년대 중반이던 그때만 해도 우리나라 의술이 많이 낙후되어 있던 시절이어서 정확히 병을 진단하고 분명하게 말해 주는 의사가 없었다. 서울대 병원을 찾아가도 "다음에 오세요" 하고는 아무 말이 없었지. 그때 심장 전문의로 유명한 의사를 찾기 위해 전국을 헤매 다녔지만 누구 한 사람 병명이 무언지, 어떻게 해야 하는지 아는 이가 없더구나.

당시 나는 한국외대에서 가르치고 있었는데, 네덜란드 정부의 순수 학문 연구비 지원을 받아 현지에서 연구 기간을 보낼 기회가 생겼다. 그때 딸아이를 데리고 가 네덜란드 병원에서 진료를 받았더니 의사들이 "아무 문제 없으니 걱정 말라"는 게 아닌가. 딸아이의 병명이 '심실결벽증'이라면서 당장 수술하지 않아도 된다 했다. 나중 어느 정도 성장한 뒤 수술하면 되니 아무

걱정 말라는 얘기였다.

그 시절, "얼마 못 살고 죽는다"는 아이의 얼굴을 날마다 보면서 살아가는 심정을 뭐라 표현할 수 있을까…. 커다란 바위에 짓눌린 듯 가슴이 답답하고 숨 막히는 상태로 3, 4년을 지냈다. 아이가 눈앞에 있을 때나 없을 때나, '아이가 곧 죽는다'는 생각이 머리에서 떠나질 않으니 그런 고문이 또 있을까…. 그런 이유로 딸아이의 어릴 적 사진을 많이 찍어 두지 못했다. "오빠 어릴 때 사진은 많은데 왜 내 사진은 없어요?" 하고 불평할 정도로.

마지막으로 대학 총장을 지내던 시절이 생각나는구나. 학교 구성원들과의 관계에서 내 양심을 조금만 내려놓았더라면 아마 그렇게까지 힘들지는 않았을 게다. 내게는 최소한의 양심이라고 생각되는 것인데, 주변에서 나를 반대하던 이들은 '편협한 도덕주의'라고 비난하고 공격하더구나. 그냥 사표 내고 나오면 되는 거였는데, 맘 같아선 당장 뛰쳐나가고 싶었는데, 혼자 편하자고 무책임하게 그럴 수는 없었다. 그게 문제였다. 다른 방법이 없더구나. 고통스럽더라도 그 고통 속에 머물러 견디는 수밖에.

앞서 얘기한 고통의 시간들을 어떻게 이겨 냈냐고? 글쎄다. 다른 방법이 없었다. 기도 외에는 할 수 있는 게 거의 없더구나. 내가 붙들 수 있는 끈이라고는 신앙밖에 없었으니까. 신앙이 있었기에 그 시절을 견디고 이겨 낼 수 있었다.

왜 고통이 생기는가?

사람들은 오랜 세월 '고통의 문제'에 대해 질문해 왔다. 우선, 죄가 고통의 원인이라고 보는 시각이 있다. 그러나 성경은 고통이 죄 때문이라고 단정적으로 말하지 않는다. 성경은 오히려 "의로운 사람에게는 고난이 많다"면서, "주님께서는 그 모든 고난에서 그를 건져 주신다"(시 34:19)고 말한다. 물론 자신이 저지른 잘못이나 악행에 대해 징계나 벌을 당하는 경우라면, 그걸 두고 아무도 '왜 내가 고통당해야 하나?'라고 반문할 수는 없을 게다.

고통은 우리가 쉽사리 정의 내릴 수 없는 신비로운 것이다. 때로 우리 육체에는 고통이 유익이 될 수 있다. 몸이 고통을 못 느끼면 오히려 죽을 수 있다. 암이 치명적인 이유가 그래서다. 암으로 인해 통증을 느낄 땐 이미 늦은 상태라고들 한다. 육체만 그런 게 아니다. 정신적인 면에서도 고통을 겪을수록 인간이 더 인간다워진다. 삶의 깊이와 안목, 다른 사람들에 대한 이해는 모두 고통을 통과한 결과 얻은 열매다.

어떤 철학자도 고통에 대해 단정적으로 말한 사람이 없다. 하이데거의 제자였던 독일 철학자 카를 뢰비트Karl Lowith, 1897~1973년가 고통에 대해 흥미로운 말을 한 적이 있다.

"다른 종교는 구세주가 고통을 풀어 주는 역할을 하는데, 기독교는 구세주 자신이 고통을 당한다는 점에서 특이하다."

고대 그리스(헬라)인들이 바울 사도를 미친놈이라고 한 이유가 있다. 바울이 전한 복음의 핵심은 하나님이 십자가에 달렸다는 것이기 때문이다. 이때 십자가 수난the Passion은 '하는 수 없이 당한다'는 수동성의 극단이었다. 그들이 생각할 때 신神은 능동성의 최상위 존재인데 수동적으로 '고통을 당한다'는 것 자체가 이미 말이 안 되는 소리였던 거다.

불교에서는 인간의 욕망 때문에 고통이 생긴다고 본다. '나'라는 자아가 있기에 고통이 있다는 거다. 따라서 자아가 없어지고 내가 우주와 하나가 되면 고통이 없는 열반에 들어간다고 한다. 예수님은 우리를 사랑하셨기에 스스로 고통을 선택하셨다. '우리 대신' 고통당하셨다는 점에서 고통의 부정성을 드러내지만, 불교에서 말하는 만큼은 아니다.

고통을 일으키는 요인을 짚어 볼까. 첫째, 자연에 의해 겪는 고통이 있다. 지진이나 쓰나미, 홍수나 화산 폭발, 질병(불치병) 등으로 인해 재산이나 가족을 잃고 고통당하는 경우다. 이는 인간으로서는 도저히 저항할 수 없는 불가항력不可抗力의 고통이다. 다음으로는 사람에게서 발생되는 고통이 있다. 가정생활, 학교생활, 군대생활, 직장생활, 교회생활 등 인간관계로 인해 고통을 당하는 경우다. 《나니아 연대기》의 작가 C. S. 루이스는 《고통의 문제》라는 책에서 인간이 당하는 고통의 4분의 3이 다른 사람에 의해서 생겨난다고 말했을 정도다.

물론 '사람에 의한 고통'이라고 할 때, 이를 다른 사람 때문에 내가 고통당하는 경우에만 한정해서 생각하지는 말기 바란다. 내가 당하는 고통뿐 아니라, 한 걸음 더 나아가 나 자신이 다른 사람에게 고통을 안겨 주는 가해자나 고통 유발자가 되지 않는 것 또한 중요하다. 다른 사람에게 고통을 주지 않도록 노력한다면 세상의 고통이 조금이라도 줄어들지 않겠니?

고통에 대처하는 우리의 자세

그러면 실제로 고통이 닥쳐오면 어떻게 해야 할까?

우선, 인내하는 것이다. 말 그대로 고통을 당하면서 고스란히 참아 내는 거다. 둘째는 극복하는 것이다. 고통을 줄이거나 없애기 위해 좀 더 적극적으로 노력하자는 얘기다. 앞서 언급한 자연 재해로 인한 불가항력의 고통은 피할 수는 없다. 그렇다고 수동적으로 당하기만 해선 안 된다. 지진을 예측하고, 홍수에 대비하여 제방을 보수하는 등 자연 재해로 인한 고통을 줄이기 위해 노력하고 대처해 나갈 수 있다. 고통을 극복하기 위한 이런 노력이 있었기에 인류 문명이 생겨나고 보존될 수 있었으며 문화가 발달해 온 것 아니겠니?

사람에 의해 겪는 고통 중에 '사랑의 고통'이 있다. 사랑하기 때문에, 사랑하는 만큼 아픈 경우다. 음주운전자의 차량이 중앙

선을 침범하여 충돌해 오는 바람에 아내와 자녀들을 잃은 젊은 아빠가 있다. 뇌출혈로 쓰러진 뒤 수년간 식물인간처럼 병상에 누워 계신 어머니를 지켜봐야 하는 막내아들이 있다. 급성 백혈병으로 사경을 헤매는 어린 딸아이를 위해 골수를 구하지 못해 애가 타들어 가는 엄마가 있다.

이런 고통에 처한 경우, 곁에서 지켜보는 입장에서는 자기 자신이 병을 앓거나 대신 죽는 게 차라리 낫겠다는 생각을 하게 된다. 먼저 세상을 떠난 사람들은 더 이상 고통을 느낄 수 없겠지만, 남겨진 가족들은 상실감과 고통 가운데 살아가야 한다. 누군들 그 고통을 대신할 수 있겠니? 그들을 향해 "괴로워하지 마라" "슬퍼하지 마라" 하는 건 사랑하지 말라는 거나 마찬가지다. 사랑하기 때문에, 사랑하는 만큼 더 아프고 뜨거운 그 고통은 그렇기에 아름다운 고통인지도 모른다. 그저 마음으로 묵묵히 "고통을 잘 견뎌 내라"고 응원하는 것 외에 달리 무얼 할 수 있을지….

'고통당하시는 하나님'이라는 말이 있다. 하나님도 우리를 사랑하시는 그 사랑 때문에 고통당하신다는 뜻이다. 사랑하는 사람이 힘들어할 때, 그게 내 일인 양 나 자신도 힘들듯이 우리가 고통당하고 아파하면 하나님도 그게 당신 일인 양 고통당하시고 아파서 눈물 흘리신다. 내 고통, 내 눈물, 내 아픔을 하나님이 다 아신다는 사실을 믿음으로 받아들이는 게 고통을 견디고 이겨 내는 데 굉장히 중요한 힘이 된다.

하나님의 아들이자 하나님 자신이신 예수님도 고통을 당하셨다. 기원전 1세기 로마의 정치가이자 학자였던 키케로Marcus Tullius Cicero, BC 106~BC 43라는 인물은 "인간이 개발해 낸 고문 기구 중에 십자가만 한 게 없다"고 했다. 예수님은 그 최악의 고문 도구로 고통을 당하신 거다. 절망적인 고통 앞에서 예수님의 그 십자가 고통을 생각하고 떠올리는 게 도움이 될 것이다. 그 생각이 우리를 견디게 하고 이기게 하지 않을까 한다.

무신론자로 잘 알려진 심리학자 프로이트는 암에 걸려서 죽어 갈 때 진통제를 안 먹었다 한다. 약에 취해 흐리멍덩한 채 죽기보다 맑은 정신으로 죽겠다고 했다는 거다. 무신론자였던 프로이트가 최후 순간에 의지한 건 '자존심'이었다. 신앙인들은 고통 가운데서 십자가의 예수님을 의지하는 것이 곧 자존심일 것이다.

신이 있다면 왜 고통을 없애 버리지 않는가?

고통 가운데 있는 사람이라면 누구나 원망과 분노, 좌절을 경험한다. 세상 모든 사람들은 다 행복하게 잘 사는 것 같은데, 나에게만 불행이 닥쳐왔다는 생각이 든다. 마치 다 같이 가난한 상태에서는 잘 느끼지 못하다가 빈부 격차가 커질수록 '상대적

빈곤감'을 느끼게 되는 것처럼 '상대적 고통감'을 느끼는 것이다.

다 자란 아들을 심장마비로 갑자기 떠나보낸 분을 날마다 찾아가 위로해 드린 적이 있다. 그런데 나중에 들으니 그때 하나도 위로가 안 되더란다. 자녀들이 둘 다 멀쩡히 잘 살아가는 나를 보면서는 오히려 상대적 고통감만 느껴지니까 어떤 말로도 위로가 안 되었던 게지. 그런데 나보다 덜 친한 어떤 사람이 찾아갔을 땐 위로가 되었다고 하더구나. 다 큰 아들을 먼저 떠나보낸 아픔이 있는 분이었거든.

하나님이 살아 계시고 우리를 사랑하신다면 왜 우리가 고통을 당하도록 내버려 두시는가? 누구나 이런 질문에 부닥치는 때가 온다. 더구나 신앙생활 잘하는 신실한 그리스도인은 고통을 받는 반면, 신앙 없는 사람들이 부유하고 평탄하게 잘 산다면 그 의문이 분노와 원망으로 뒤바뀌기 쉽다. 그래서 플라톤과 칸트도 내세來世가 있어야 한다고 했다. 이 세상에는 착한 사람이 고통당하고 악한 사람이 잘 사는 경우가 너무 많기 때문에 내세에서 그 값을 치러야 한다고 했던 거지. 그러나 고통은 하나님의 신비다. '인과응보'因果應報, 선을 행하면 복을 받고 악을 행하면 벌을 받음의 논리로 하나님의 신비를 제한할 수는 없다.

톨스토이의 소설 《이반 일리치의 죽음》을 보면, 사소한 통증이 악화되어 불치의 고통 가운데 죽음의 문턱까지 이른 주인공 이반 일리치가 울부짖는 말이 나온다.

"무엇 때문에, 도대체 무엇 때문에 저를 이토록 고통스럽게 하시는 겁니까…?"

그러다 숨을 거두기 전 그는 자신이 살아온 삶이 잘못되었음을, 아내와 자식들을 '사랑하지 못한 죄'를 지었음을 깨닫고 마음으로 용서를 구한다. 그제야 비로소 그는 고통의 사슬과 죽음의 공포에서 놓여나 '빛' 가운데서 기쁨을 맛보며 숨을 거둔다. 고통은 우리의 악함과 약함에 대한 치료약이 될 수 있다. 이때 고통은 선한 것이다. 앞서 얘기한 C. S. 루이스 교수는 인간이 피조물로서 부패했기에 신은 우리를 새롭게 하고 바로잡고자 "혹독한 도구"인 고통을 치료책으로 허용하신다고 말한다. 그는 《고통의 문제》에서 이렇게 썼다.

"고통은 귀먹은 세상을 불러 깨우는 하나님의 메가폰입니다."

너희들 청소년기에는 특별히 성장에 뒤따르는 고통을 겪게 될 것이다(이미 앓고 있는 친구들도 있겠지). 내면적인 고민과 아픔이 시시때때로 생겨날 것이다. 부디 그걸 이상히 여기지 말고 피하지 말기 바란다. 갓난아기가 엄마 뱃속에서 세상으로 나올 때 고통이 있듯, 성장하고 성숙해 가는 과정 가운데 힘겨움이나 괴로움은 당연히 따르게 되어 있다. 오히려 제때, 적절히 고통을 겪는 게 좋다. 그게 삶의 중요한 밑거름이 된다.

세상에 공짜는 없다. 지금 겪는 고통의 경험은 앞으로 큰 사람이 되기 위한 바탕이 될 뿐 아니라, 다른 사람을 돕는 리더가 되기 위한 선물이 된다. 물론 파스칼이 말했듯, "인간이 쾌락을 좋아하고 고통을 싫어한다는 것은 증명이 필요 없다." 그러나 나중에 시간이 흐르면 그 고통이 축복이었음을 알게 될 것이다.

구약성경 욥기의 주석가註釋家, 성경의 단어나 구절을 연구하여 쉽게 풀이하는 학자가 이런 말을 한 적 있다. "아무도 고통을 원하지 않는다. 그러나 고통당한 사람은 고통을 후회하지 않는다." 내 말이 그 말이다.

물 음 표 열 하 나 ,

영혼의 밤이 오면 어떻게
해야 하죠?

    이번 주제는 특히 어렵게 느껴질지 모르겠구나. 왜 '영혼'에 대해서만 다루는지, '육체'는 덜 중요하단 말인지, 그런 의문이 들 법도 하다. 오해 없길 바란다. 기독교는 영혼에 견줘 육체를 무시하거나 가벼이 여기지 않는다. 하나님께서 사람의 '몸'을 입고 이 땅에 오셔서 온 인류의 죄를 사하려고 십자가에 달려 '몸'의 고통과 죽임까지 당하셨는데, 그런 예수님을 믿고 따르는 종교가 육체를 멸시할 리 없잖겠니.

    다만 우리가 흔히 말하는 '영혼과 육체'라고 하는 표현에는 문제가 있다는 게 내 생각이다. 모두 아무런 의심 없이 당연하게 여겨서 무심코 쓰는 말을 논리적으로 따져 보면 문제가 있는 경우가 적지 않거든. 생각해 볼까? 책상과 걸상(의자), 물과 기름, 아빠와 아들…. 여기서 '~과(와)'의 앞뒤에 나오는 단어들은 서로 공통분모가 있다. 책상과 걸상은 가구, 물과 기름은 액체, 아빠와 아들은 가족. 그런데 "영혼과 육체"라고 할 때, 둘 사이에는 어떤 공통분모가 있을까? 전혀 없다. 이때의 '~과'는 앞에 나온 '~과(와)' 하고는 전혀 다르게 쓰인 거지.

영혼은 먹기도, 자라기도 한다

'영혼이 맑은 사람'이라는 말을 들어봤을 게다. 영혼이 시냇물처럼 눈에 보이는 게 아닌데, 사람들은 무얼 보고 영혼이 '맑다'고 하는 걸까? 그건 그 사람의 인격과 가치관, 삶의 모습을 보고 하는 말이다. 영혼은 보거나 만질 수 없는 한편, 드러나 눈에 보이기도 한단다. '삶'으로 나타나는 것이지. 그래서 미국의 기독교 작가 켄 가이어는 "영혼은 항상 숨어 있지만 항상 드러나 있기도 하다. 우리의 모든 말과 행동에는 영혼이 묻어난다"고 했다. 평소 모습이나 행동거지가 욕심과 이기심으로 가득한 사람을 두고 영혼이 맑다고 하지는 않잖니?

'영혼의 양식' 또한 자주 쓰고 흔히 듣는 표현 중 하나다.

"책은 영혼의 양식이다"라는 말도 있듯이 성경 말씀, 좋은 설교, 미술이나 음악, 문학 작품 등이 영혼을 자라게 하는 '양식'이라 하겠다. 영혼이 먹는 '밥'이라고나 할까. 이것들을 자주 접할수록 우리 영혼과 내면세계는 탐욕으로부터 멀어지고 사랑이 더 깊어진다.

좋은 노래를 듣다 영혼이 감화되어 신앙생활을 시작한 사람을 알고 있다. 원래 교회는 전혀 안 다니고 시민운동을 열심히 하던 분인데, 몇 년 전 일이 있어 교회에 갔다가 문득 들려온 찬송가를 듣고 회심하게 되었다는 얘길 들었다. 잡생각을 제거하고, 맑고 숭고한 생각을 품게 하는 그런 음악이 있다. 마음과 정서까지 아름답게 가다듬어 주는 미술 작품도 있고.

가난할수록 더 가난해지고 부자일수록 더 부자가 된다는 '빈익빈 부익부' 현상은 영혼에도 적용된단다. 맑고 숭고한 것을 추구하는 사람들은 더욱더 그렇게 되어 가는 반면, 본능적인 욕망의 대상물(돈이나 소유물 등)에 마음 쏟는 사람들은 더욱 강한 욕망에 사로잡힌 사람이 되어 간다는 뜻이다. 그러니 본능을 따르기보다는 의지력을 발휘해서라도 고상한 것들을 계속 추구하다 보면 그런 부분이 성장하게 될 것이다.

조지 버나드 쇼라는 아일랜드의 극작가는 이런 말을 했단다. "우리는 예술 작품을 통해 영혼을 본다." 문학이나 음악, 미술 등 예술 작품이라는 게 영혼의 씨름을 거쳐서 고도로 승화된 결과물이잖니? 그러니 예술 작품을 자주, 많이 접하고 감상하는 건 우리 영혼을 더 풍요롭게 가꾸고 또 성장시킬 수 있는 좋은 방법이 된단다.

나는 반주 없는 단순한 음률의 가톨릭 성가인 '그레고리오 성가'Gregorian Chant를 들을 때 숭고미崇高美, 높고 훌륭한 가치나 이상을 따르고자 하는 마음을 불러일으키는 아름다움를 느낀다. 음악을 잘 모르긴 하지만, 그 음악이 내게 잘 어울리는 것 같다. 시각적으로는 고딕 건축물이 그런 느낌을 주더구나.

네덜란드 유학 시절에 친구 부부와 함께 건축물을 주제 삼아 여행한 적이 있다. 서양의 건축 양식인 로마네스크, 고딕, 르네상스 건축물들을 둘러보고 감상하는 여행이었지. 로마네스크 양식(석조 건물에 반원 아치형 천장)은 별로 남아 있지 않고(시청역에 있는 서울 성공회 대성당이 로마네스크 양식 건물이니 한번 방문해 보기 바란다), 주로 프랑스 쪽에 많이 있는 고딕 양식(꼭대기가 뾰족한 첨두형 아치에 스테인드글라스 창), 그리고 이탈리아 쪽의 르네상스 양식(둥근 아치와 반원형 지붕 돔)을 둘러보았지. 그곳들을 여행하면서 건축물도 사람의 영혼에 울림과 감동을 준다는 걸 알았다.

프랑스 파리의 노트르담 대성당 같은 고딕 건축물에 들어서니 신앙적으로 색다른 느낌이 들더구나. 하늘나라, 숭고함, 경건의 마음이 떠올랐다. 돈이나 권력, 명예 같은 것들을 잊게 되는 순간이었지. 영적으로 높은 차원으로 올라가는 느낌을 안겨 주는 건축물이었다. 가끔 우리가 만나는 사람들 가운데 그런 느낌을 주는 분들이 있지 않니? 그처럼 예술적인 건축물을 보면서도 마음이 경건하고 드높아지는 상태가 되는 것이다. 그런 점에서 우리나라 교회 건축물은 보면 볼수록 참 안타깝다. 온통 화려하고 번쩍거리는 모양새여서 고상하거나 경건한 마음이 전혀 들지 않으니 말이다.

누구나 '영혼의 밤'을 경험한다

'영혼의 밤'이라는 말을 들어봤니? 살다 보면 절망이 찾아오는 순간이 있다. 그 시기가 가장 어두울 때다. 사방이 꽉 막혀 있고 칠흑같이 캄캄한 어둠 속에 홀로 갇힌 듯한 시간을 영혼의 밤이라 부르는 건 전혀 이상한 일이 아니지. 이미 너희들도 그런 느낌을 겪어 봤거나 혹시라도 지금 겪고 있을지도 모르겠다. 사람은 누구나 살면서 도저히 빠져나갈 구멍이 없는 암흑 같은 영혼의 밤을 겪기 마련이란다. 중요한 건, 누구나 겪는 그 순간을 어떻게 받아들이고 대처하느냐에 따라 결과가 하늘과 땅 차이로 갈린다는 거다.

나는 천성이 낙천적이어서인지 몰라도, 영혼의 어두운 밤이라 부를 만한 시간들이 많이 찾아오지는 않았던 것 같다. 앞에서 얘기했듯 우리 집 둘째가 아주 어렸을 적 심장에 이상이 생겨서 얼마 못 가 죽는다는 의사의 판정을 받았을 때 말로 표현 못할 절망적인 시간을 보냈지만, 세상에는 그런 일을 경험하는 사람이 많은 법이니까.

이런 순간이 찾아오면 정말 괴롭고 고통스럽다. 그러니까 영혼의 '밤'이라 일컫는 것이겠지. 하지만 인생에서 겪게 되는 영혼의 밤은, 지나고 나면 큰 유익과 보탬이 되는 시간이기도 하다. 그걸 겪어 보지 않은 사람은 내면의 깊이가 얕다. 다만, 이 절망의 시간을 지날 땐 극단적인 생각과 행동을 멀리해야 한다. 그 절망적인 시간을 더는 견딜 수 없다고 생각될 때 사람들은 자포자기하게 되고, 극단적으로는 자살을 생각하기도 한다. 이때에는 다른 도리가 없다. 가족도, 친구도, 아무도 몰라도 "하나님은 다 알고 계신다"는 믿음을 가져야 한다. 그 믿음이 생명줄인 양 끈질기게 붙들어야 한다.

내가 어느 대학 총장으로 일할 때 학교에 어려움이 닥쳐와 무척 힘들었다는 얘기를 이미 한 바 있지. 속 편히 그만두었다면 오히려 쉬웠을 텐데, 책임감 때문에 그럴 수도 없어서 답답했다. 그때 "내가 산을 향하여 눈을 들리라/ 나의 도움이 어디서 올까/ 천지를 지으신 여호와 나의 하나님/ 영원무궁히 지키시리로다"라는 찬송을 많이 불렀다. 하나님께서 내 영혼의 밤을 아신다는 게 얼마나 큰 축복인지 모른다. 인간의 눈으로 보기에는 전혀 가망 없어 보이는 그 순간이 바로 하나님을 더 의지하는 시간이 된다. 요즘에는 삶이 너무 편안하니까 오히려 걱정이 들기도 한다.

영혼의 밤을 지날 때, 가까운 친구나 멘토에게 기도를 부탁하는 것도 큰 도움이 된다. 나도 그게 힘이 많이 되었다. 그래서 교회 공동체가 중요한 거란다.

영혼은 고귀하고 육체는 저급하다?

영혼과 육체를 구분하여 분석하고 설명하려는 이들이 있다. '물질'을 '공간을 차지하는 존재'라고 정의한 데카르트의 주장은 일리가 있다. 그는 '정신'을 가리켜 '생각하는 존재'라고 했는데 이건 아무 의미 없는 정의다.

성경에도 영spirit, 혼soul, 몸body이라는 말이 나온다. 데살로니가전서 5장 23절에 보면, "평강의 하나님이 친히 너희를 온전히 거룩하게 하시고 또 너희의 온 영과 혼과 몸이 우리 주 예수 그리스도께서 강림하실 때에 흠 없게 보전되기를 원하노라"는 말씀이 있다. 이를 두고 인간 존재를 3요소로 설명하고 이해하려는 이들이 있는데, 이는 문제가 있다. 여기서 영, 혼, 몸은 '온전한 인격체whole person로서의 인간'을 가리키는 것이다. 이를 두고 인간과 영혼에 대해 이렇다 저렇다 정의하면서 자꾸 뭘 안다는 듯 규정하고 말하는 건 바람직하지 않은 일이다. 성경의 관점은 영혼과 육체를 따로 떼어 놓지 않고 둘이 하나인 '인격체'로 보라는 것이다.

"영혼은 고귀하고 육체는 저급하다"는 말을 들어봤겠지. 이게 바로 그리스(헬라)식 사고방식이다. 고대 철학자 아리스토텔레스는 존재하는 것마다 등급이 있다고 보았다. 제일 하급은 일정한 형태가 없는 바위, 그다음 조금 고상한 것은 조각품 같은 것이라고 했지. 또 육체노동하는 사람은 천하고, 정신노동하는 사람은 고귀하다고 했다. 철학자가 왕이 되어야 한다는 플라톤의 '철인 왕'philosopher king이라는 주장이 여기서 나온 거란다. 최고 등급은 신이라 했는데, 지극히 높은 신은 육체가 없는 존재여서 어떤 철학자는 신이 물질세계가 있다는 사실조차 모를 뿐더러, 그걸 인식한다면 이미 신이 아니라고 보았지. 당시 수학을 고상한 학문으로 여겼던 것도 물질을 다루지 않는 학문이었기 때문이다.

고대 그리스 철학과 달리, 기독교는 물질을 천시하지 않는단다. 성경에도 보면, 하나님이 땅의 흙으로 사람을 지으시고 그 코에 생명의 기운을 불어넣으셨다는 내용이 나온다(창 2:7). 기독교의 하나님이 그리스 철학에서 말하는 신이라면, 땅의 흙(물질)으로 인간을 창조하신다는 것 자체가 말이 안 되는 거지.

고대 그리스 철학은 이런 식으로 육체(물질)와 영혼(정신)을 철저히 분리했는데, 초기 기독교 역사에 이런 세계관이 들어와서 '영지주의'라는 이단이 생겨나기도 했단다.

'영혼불멸설'靈魂不滅說, Immortality of soul이라고 들어 봤니? 영혼은 결코 없어지거나 사라지지 않는다는 주장 말이다. 원래 영혼불멸설은 플라톤이 최초로 체계화한 것인데, 그는 육체는 감각의 세계에, 영혼은 영원의 세계에 속하는 것으로 보았기에 영혼은 소멸하지 않는다고 주장했다. 물론 기독교의 부활 신앙 안에도 영혼불멸 사상이 담겨 있단다. 중요한 건, 거듭 말했듯이 영혼의 문제에 대해 확신 어린 판단이나 주장을 내세우는 건 바람직하지 않다는 거다. 인간의 지식은 한계가 분명해서, 다 알 수 없는 부분이 많단다. 알 수 없는데도 아는 척하다가 잘못되는 경우가 많이 있다. 지적 호기심으로 알아보려는 거야 좋은 자세지만, 지식에 확실성을 두면 안 된다.

고대 그리스인들은 지식, 앎에 대한 확실성을 중요시했는데 그 영향이 오늘날 현대인들에게까지 남아 있다. 모르면 불안해하는 것, 그게 바로 그리스적인 태도다. 그리스인들은 과학적 지식(에피스테메)은 논리적 모순이 없는 지식이므로 확실한 것이라고 보았다. 그러니 그들에게 이성은 신과 같은 것이었다. 반면 눈이나 입, 귀 같은 감각기관으로 습득하는 감각적 지식(독사)은 불확실한 것이라고 보았다.

칸트는 경험으로 증명할 수 있는 것이라야 확실하다고 주장했다. 그 주장이 옳다는 걸 어떻게 알 수 있냐니까 논리적이기 때문에 옳다고 했다지. 그러니 칸트의 사고도 그리스적인 거다. 확실성은 이성이나 과학 지식이 아닌 하나님께 있다는 게 기독교적 관점이다.

사람들은 저마다 건강한 몸을 유지하려고 좋은 음식을 먹고 운동을 한다. 이처럼 우리 영혼도 좋은 것으로 가꾸어 가야 한다. 좋은 책, 좋은 친구를 만나야 하고, 도덕적으로 좋은 환경에서 살아가려 애써야 한다. 육체만 건강하면 된다고 생각하여 음란한 영화를 본다든지 불건전한 것을 접하는 일을 아무렇지 않게 생각하는데, 그건 더러운 흙탕물에 몸을 던지는 것과 다를 바 없다. 육체와 정신은 결코 따로 가지 않는다. 성경이 말하는 영의 양식을 취하려고 애쓰고 자신의 영혼을 맑고 밝게 가꾸어 가려는 노력을 계속하기 바란다.

4장

세상은
이렇게 말해요!

물음표 열둘,

돈, 많을수록 좋다고 하잖아요?

"부자 되세요!"라는 인사말이 유행한 적이 있었다. 텔레비전 광고에 나와 크게 히트 친 말이었지. 세상에 부자 되기 싫은 사람이 몇이나 있겠니? 이 말이 요새는 "대박 나세요!"라는 인사로 바뀌었더구나. 언젠가 운전 중에 들은 기독교 라디오 채널에서도 진행자가 "대박 나세요"라고 인사했을 정도니까. 이 말이 교회 안에서도 어색하지 않은, 오히려 반가워하는 시대를 우리는 살아가고 있는 셈이지.

고1 때부터 알바하면서 공부해야 했다

이 할아비가 청소년기를 보냈던 시절에는 워낙 가난한 사람들이 많아서 빈부 격차를 거의 느낄 수가 없었지. 물론 지금하고야 다르겠지만, 그 시절에도 부유한 사람들이 있기는 했다.

앞에서도 말했지만, 당시 우리 집이 넉넉지 못한 탓에 난 고등학교 1학년 때부터 가정교사를 했다. 요새로 치면 '알바'였는데, 잘사는 집에 들어가 살면서 그 집 아이들을 가르치는 '입주 가정교사' 일이었지. 그런데 한 식탁에서 밥을 먹어도 그 집 아이와 음식이 다르게 나오더구나. 그 집 아이는 쇠고기국, 난 시래기국 하는 식이었어. 내가 둔해서 그랬는지 다행스럽게도 그런 일이 상처가 되거나 하진 않았다. 어쨌든 당시에도 빈부 격차가 엄연히 있었지.

학교 친구들 중에도 잘사는 아이들이 있었는데, 부럽다거나 질투를 느낀 적도 별로 없고 '우리 집이 가난하구나' 하는 의식도 거의 안 하고 살았다. 물론 등록금 내기도 어려운 시절이 있었다. 특히 대학생 때는 더했지. 하지만 그런 학생들이 워낙 많았기에 그냥 다들 그런 거라 생각했다. 집안 형편 때문에 고1 때부터 대학 시절, 그리고 미국 유학, 네덜란드 유학 시절까지 학업과 아르바이트를 병행하지 않은 적이 없었다. 그래서 정작 공부를 내가 하고 싶은 만큼 한 적이 없었고. 그런데도 희한하게 부자가 되기를 바랐던 적이 없구나.

슈퍼마켓 점원, 접시닦이, 화장실 청소, 쓰레기 처리, 정원 손질 등 내 작은 체구에 비해 힘에 부치는 일도 많이 했지. 미국 유학 시절에는 기계로 바닥 청소하는 일을 했는데, 전기로 움직이는 기계가 내 힘으로 통제가 안 될 정도로 무겁고 동력이 커서 사고 위험이 늘 있었다. 접시 닦는 일 역시 고되기는 마찬가지였지. 세척이 끝난 뜨거운 접시를 쉴 새 없이 맨손으로 집어 옮겨야 했다. 또 내가 공부하던 필라델피아는 여름에 무척 덥고 습한 지역이어서 수동 기계로 일일이 정원을 손질하는 게 정말 고역이었지.

당시 한국인 유학생 중에는 학교에서 주는 장학금을 고국으로 부치는 학생들이 많았다. 그 정도로 우리나라가 가난했던 시절이었지. 이 장학금이라는 게 알고 보니 가난한 나라 출신 학생들에게 주는 일종의 특혜였지 뭐니. 그 사실을 알고서 나는 장학금을 안 받겠다고 자존심을 세웠다. 1학년을 마쳤을 때 내 성적이 상위 두 번째였는데도 나는 장학금을 빌어먹는 것으로 여겨 가능하면 적게 받으려고 애썼고, 최대한 내가 벌어서 공부하려 했다. 나중 네덜란드에 가서도 마찬가지였다. 학교에서는 주겠다고 하고 나는 안 받겠다고 하며 장학금을 두고 실랑이를 했지. 그땐 알바하랴 공부하랴 힘들기도 했지만 지금 생각해 보면 잘했지 싶다. 나 스스로 웬만한 어려움은 헤쳐 나갈 자립심을 키울 수 있었으니 말이다.

그렇게 어렵게 공부하며 살아왔지만, 그렇다고 돈 때문에 내가 하고 싶은 걸 포기한 적은 없다. 분수에 넘는 욕심을 부리지 않아서 그랬는지 모르겠으나, 지금까지 단 한 번도 '우리 집이 부자였으면 이걸 할 수 있었을 텐데…' 하는 생각을 해본 적이 없다. 물론 요즘엔 내가 대학 다닐 때와 비교하기 어려울 정도로 등록금이 올라서 작년(2014년) 기준으로 대학 등록금이 최고 860만 원이 넘는 대학이 있고, 733만 원 선이 평균(사립대 기준)이라는 기사를 본 적이 있다. 그러니 돈 때문에 대학 가고 싶어도 못 간다는 얘기가 나오는 것도 무리는 아닐 것이다. 그렇지만 벌어들이는 소득에 견주면 예나 지금이나 큰 차이는 없을 거 같구나. 옛날에도 집안의 전 재산이랄 수 있는 소를 팔아서 등록금을 마련했으니까 말이다. 지금은 그나마 과거에 비해 장학금이 많이 늘었으니, 공부에 최선의 노력을 기울이는 게 중요하지 않나 싶구나.

앞으로 등록금이 더 오를 수도 있고 공부나 세상살이가 더 어려워질지도 모르겠다만, 그렇다고 미리 좌절하고 원망하는 건 아무 유익이 되지 않는다. 어려운 형편을 핑계 삼아 앞으로 자신이 하고자 하는 일이나 공부를 할 수 없다고 지레 낙담하기보다는, 지금 자신이 해야 할 일이나 공부에 최선을 다하는 게 중요하다.

돈을 의지하면 돈이 절대자가 된다

자본주의 사회에서 돈은 원하는 것을 언제든 손에 넣을 수 있는 '교환 수단'이다. 텔레비전 광고는 우리에게 더 좋은 집, 더 좋은 차, 더 좋은 컴퓨터나 디지털 기기 등 온갖 상품을 사라고, 소유하라고 유혹한다. 계속해서 더 새로운 것, 소위 '신상'으로 바꾸고 교체하고 소비하라고 외쳐 댄다. 그 광고의 유혹과 외침을 따라 살자면 돈이라는 '교환 수단'이 많이 필요할 거다.

그러니까 우리 사는 세상은 돈이 많을수록 좋은 거라고 우리를 끊임없이 세뇌하고, 그 결과 우리는 다르게 생각해 볼 여지도 없이 끌려가게 된다. 현대 사회는 기본적인 의식주 생활을 위해서도 돈이 절대적으로 필요하다. 농사를 짓지 않는 이상 돈으로 쌀을 사야 하고, 옷을 직접 지어 입지 않는 한 돈으로 옷을 사 입어야 하잖니. 이처럼 우리 생활 전반에 영향을 미치는 돈은 우리가 떠받들면 떠받들수록 더 큰 힘을 행사하게 된단다.

성경에는 '돈에 대한 추구'를 경계하는 내용이 많이 나온다. 그중 한 구절을 살펴보자.

> 부자가 되기를 원하는 사람은, 유혹과 올무와 여러 가지 어리석고도 해로운 욕심에 떨어집니다. 이런 것들은 사람을 파멸과 멸망에 빠뜨립니다(딤전 6:9).

부자를 꿈꾸는 이들은 그들을 멸망의 길로 이끄는 유혹이나 함정, 어리석고 해로운 욕심에 빠진다는 거다. 그렇기에 사도 바울은 "돈을 사랑하는 것이 모든 악의 뿌리"(10절)라고까지 말했지.

돈에는 몇 가지 특징이 있는데, 첫째는 인간의 동물적 욕구를 채우는 데 유용하다는 거다. 배가 고플 땐 돈이 있어야 빵이라도 사 먹을 수 있고, 목마를 땐 생수나 음료수를 살 수 있는 것이다. 그러니 기본적으로 돈이 필요하다.

둘째, 돈에는 '하급가치' 또는 '경쟁적 가치'란 특징이 있다. 사랑이나 지식은 내가 많이 가져도 다른 사람 또한 많이 가질 수 있지만, 돈은 내가 많이 가지면 다른 사람은 상대적으로 많이 가질 수 없기에 경쟁이 일어난다. 즉 지식이나 사랑과는 달리 다른 사람에게 해를 끼치면서까지 내가 많이 가져서 덕을 보겠다는 게 돈이기에 '하급가치'인 거다.

셋째, 문화가 물질주의적으로 변질되면 돈으로 다른 가치를 살 수 있게 된다. 옛날에는 돈으로 살 수 없는 가치가 많았다. 사랑, 우정, 지식 등. 그런데 요즘에는 웬만한 건 다 돈으로 바꿀 수 있게 되지 않았니? 그러니 과거 어느 때보다 돈에 대한 욕망이 더 커질 수밖에 없는 시대가 된 거다. 바울 시대에 '돈을 사랑하는 것이 일만 악의 뿌리'였다면 지금은 몇십 배 더한 시대인 거지. 물론 돈이나 재물 그 자체를 죄악시할 필요는 없다.

누가복음 16장 13절에서 예수님은 "한 종이 두 주인을 섬기지 못한다"면서, "한쪽을 미워하고 다른 쪽을 사랑하거나, 한쪽을 떠받들고 다른 쪽을 업신여길 것"이기에 "하나님과 재물을 함께 섬길 수 없다"고 하셨다. 여기서 '하나님과 재물'God and Money이 흠정역 성경KJV에는 '하나님과 맘몬'God and mammon이라고 되어 있단다. 맘몬은 고대 수메르 인들이 숭배하던 신의 이름으로서 물질적인 부요함과 탐욕을 묘사하는 말로도 쓰이지.

예수님께서 마태복음 6장에서 "공중의 새를 보아라"(26절), "들의 백합화가 어떻게 자라는가 살펴보아라"(28절) 하고 말씀하신 것은 삶의 안정감sense of security을 어디에 두는지 점검해 보라는 뜻이다. 인간에게는 안정감이 상당히 중요한데, 대부분의 사람들은 돈이 삶의 안정을 보장해 준다고 믿는다. 즉 돈이 내 인생을 든든히 지키고 보호해 주는 수호자가 되어 아주 쉽게 하나님의 자리까지 차지하게 되는 거지. 이는 돈이 인간의 생물학적 생존뿐 아니라 사회적 지위와도 연결돼 있기에 그렇단다.

지금은 과거에 비해 훨씬 더 노골적으로 돈을 우상화하는 그런 시대가 되었다. 내가 대학 들어갈 때만 해도 돈으로 대학 간다는 생각은 꿈에도 못했는데, 요즘에는 돈이 있어야 과외나 사교육을 잘 받아 좋은 대학에 간다는 게 일반적 통념이 되어 버린 실정이니 말이다. '돈(의 힘) 안에서 무엇이든 할 수 있다'라고까지 여기는 무서운 세상이 된 것이다.

많이 버는 것보다 적게 쓰는 게 중요하다

지금이 아무리 경제가 중요한 시대라 해도, 할아비 생각으로는 아무래도 청소년기에는 애초에 돈에 관심을 쏟지 않는 게 좋다. 너희들을 먹이고 입히고 교육시키는 건 부모님 역할이니까, 그걸 감사히 여기며 오히려 공부에 집중하는 게 바람직하다는 얘기다.

더러는 어릴 때부터 경제 교육을 해서 경제관념을 갖게 해야 한다고 하는데, 난 그 말에 전혀 동의할 수 없구나. 혹시 기본적인 생계가 어려워 어쩔 수 없이 경제 활동을 해야 하는 경우가 있을지도 모르겠다만, 기본적으로는 부모가 다 공급해 준다는 전제하에 너희들은 공부에 전념하는 게 좋다. 간혹 학용품이나 책 말고 좀 비싼 물건들—예를 들면 태블릿 PC나 카메라 같은 것들—은 스스로 아르바이트를 한다든가 용돈을 꾸준히 모아 두었다가 보탤 수도 있을 것이다.

중요한 건, 경제 교육이나 경제 활동보다는 오히려 '절약하는 습관'을 기르는 일이다. 돈에 얽매이지 않고 돈의 있고 없음[有無]이나 많고 적음[多少]에 따라 삶의 안정감이 흔들리지 않으려면, 돈을 잘 모으고 많이 버는 것보다는 돈을 적게 쓰는 게 훨씬 중요하다.

《모리와 함께한 화요일》이라는 책에서 모리 교수가 얘기한 것처럼, 오늘날은 우리가 '원하는 것'과 우리에게 '필요한 것' 사이에 큰 혼란이 일어나고 있는 시대란다. 예를 들어 밥은 우리에게 '필요한' 음식이지만 초콜릿이나 아이스크림은 우리가 '원하는' 기호 식품인 거지. 그러니까 우리가 원하는 '욕망'을 채우려고 돈을 더 많이 모으고 벌어들이려 하다 보면 결국 우리는 어느 순간 돈의 노예가 되어 돈에 끌려다니게 될지도 모를 일이지. 살다 보면 돈 때문에 비겁해지는 순간이 올지도 모른다. 그리 되지 않으려면 지금부터라도 조금씩 절약을 실천하고, 돈을 절약하는 습관을 훈련하는 게 훨씬 더 중요하다.

할아비는 개인적으로 재테크나 로또에 열심을 내는 건 바람직하지 않다고 본다. 원칙적으로 돈은 노동을 해서 벌어야 한다. 로또를 가끔 심심풀이로 하는 것까지야 나무랄 수 없겠지만, 로또를 통해 돈을 벌겠다거나 부자 되겠다는 건 아무 수고 없이 요행을 바라는 일이니 그리 성경적이지 않은 일인 거다.

물론 돈을 더 많이 벌려고 애쓰고 노력하는 것 자체를 비도덕적이라거나 비기독교적이라고 할 수는 없다. 정직하게 수고하면서 돈을 더 벌 수 있는 기회가 있으면 버는 게 좋은 일이다. 그렇게 해서 번 돈으로 가난한 이웃이나 선교를 위해 더 많이 기부하고 나눈다면 고마운 일 아니겠니? 문제는 혼자만 호화롭고 사치스럽게 살려고 돈을 더 벌려고 하는 것이다.

성경에 보면 "먹을 것과 입을 것이 있으면 그것으로 만족해하는"(딤전 6:8) 삶을 살라고 했는데, 여기서 말하는 '자족함' contentment이란 돈이 있고 없고를 떠나서 반드시 지녀야 할 삶의 태도를 말하는 거란다. 자족하는 삶을 위해서도 씀씀이를 줄이는 게 중요하다. 소비를 줄일수록 자원 절약뿐 아니라 환경 보존에도 보탬이 되는 거지. 이게 바로 성경이 말하는 '이웃 사랑'이다. 내가 절약함으로써 조금이라도 환경 오염이 줄어들어 그 때문에 고통당하는 사람이 줄어든다면 그게 사랑 아니고 무엇이겠니.

그리스도인으로서 '돈의 노예가 되지 말자'는 기본적 자존심을 지키려면, 돈이 넉넉하고 여유롭든지, 아니면 절약하며 살든지 두 가지 길밖에 없다. 나는 전략적으로 늘 절약하는 삶을 택해 왔다. 지금 내가 '나눔국민운동본부'라는 단체 대표를 맡고 있지만, 쓰고 남는 걸 기부하기보다는 적게 쓰고 기부하는 게 훨씬 가치 있고 보람 있는 일일 게다. '기부'는 어려운 사람에게 한 푼 적선하는 일이 아니라 더불어 살아가는 사회를 만들기 위한 마땅한 의무다.

혹시 우리나라가 경제개발협력기구OECD 34개국 가운데 '사회 갈등지수'가 두 번째로 높은 나라라는 사실을 알고 있니? 2010년 조사 결과에 따르면 종교 분쟁을 겪는 터키에 이어 우리나라가 두 번째로 갈등지수가 높았다. 사회적 갈등 상황이 심각한 상황인 것이다. 여기서 우리는 한 사회의 갈등지수는 소득

불균형이 높을수록, 다시 말해 빈부 격차가 심할수록 악화된다는 점에 주목할 필요가 있다. 그러니 기부가 늘어나면 자연히 갈등지수가 낮아질 것이고, 그만큼 그 사회가 성숙하고 발전하지 않겠니.

너희 청소년기부터 '나눔의 습관'을 키우는 게 중요한데, 우선 작은 것부터 시작해 보기 바란다. 자신에게 부담이 되는 수준으로는 하지 말아라. 부담이 되지 않을 정도로 작은 나눔부터 실천하다 보면 나중에 뿌듯함을 경험하게 될 것이다. 그러면서 조금씩 훈련해 가는 거다.

나의 경우, 나이가 들어 돈 들어갈 일이 많이 줄어든 덕분에 기부가 더 늘었다. 돈을 탐하지 않으니까 수입이 더 늘어나더구나. 돈에 비굴한 건 비참한 일이다.

사람이 죽으면 누구에게나 '수의'를 입힌다. 이 수의에는 주머니가 없다. 죽으면 어느 누구도, 그 무엇도 가지고 갈 수 없음을 보여 주는 거지. 그러니 세상이 돈, 돈 하며 미쳐 돌아가도 너희들은 너무 세상의 길을 따라가지 말아라. 돈으로 우정을 살 수는 없다. 하물며 진리나 구원을 살 수야 있겠니?

__물 음 표   열 셋,__

신앙, 없다고 불편하지 않잖아요?

요새는 기독교 신앙이나 교회라는 게 너희들에게는 그다지 매력적이지는 않을 것 같구나. 교회 때문에 사회적으로 소란스러운 일도 적잖이 일어나는 데다, 신앙이라는 게 왠지 얽매고 구속하는 올무 같다는 생각이 들기도 할 거다. 교회 열심히 다니는 신자보다 신앙이 없고 교회도 안 다니는 사람이 왠지 더 자유롭고 덜 답답해 뵈지 않던?

친구 따라 "그냥 한번 가보자"

나는 중학교 2학년 때 처음 교회를 나갔다. 우리 반 친구 하나가 날더러 교회 한번 가보자 해서 별 생각 없이 따라간 게 첫걸음이었지. 그게 지금까지 평생 이어지는 걸음이 됐고. 그 친구도 '전도해야지' 하는 무슨 열심이 있어서 그런 건 아니었다. 판잣집으로 지은 단칸방에 어머니와 단둘이 사는 친구였는데, 그 어머니는 빵을 만들어 팔았지. 그 어머니가 당시 경주읍교회(지금의 경주교회)를 다니셨으니까, 친구는 이른바 '모태신앙'(태중에서 어머니의 신앙을 이어받은)이었던 셈이지.

벌써 60년도 더 지난 일이라서 생생히 기억나지는 않지만, 처음 교회 갔을 때 서먹하다거나 낯설다는 느낌은 없었다. 서로 모임도 하고 회의도 하면서 재미를 느꼈지. 교회 선생님들이 가르치는 내용이 새롭고 흥미로워서 그때 이후로 계속 다녔다. 중학교 졸업할 때까지 주일학교를 다니다가(그때만 해도 '주일학교'는 중학생까지 포함됐다) 고등학생 되어서는 학생회 활동을 했다.

우리 아버지는 원체 머리가 좋은 분이었는데, 증조부께서 상투를 자르지 못하게 하는 바람에 학교를 못 가셨다. 우리 아버지 시대에는 상투를 자르지 않으면 학교를 다닐 수 없었거든. 아버지는 증조부님을 존경하셨기에 차마 거역하지는 못한 채 현대식 교육을 받고 싶은 간절한 마음을 접고야 말았는데, 그걸 두고두고 후회하셨지. 그래서 내가 학교 다닐 적에는 "지금은 너희 세상이니까 너희들 하고 싶은 대로 해라" 하시며 상당히 개방적인 모습을 보이셨다.

아버지는 유학자처럼 유교 경전 가운데 하나인 《주역》을 즐겨 읽으셨는데, 그 책에 보면 점치는 이야기나 귀신 이야기가 나온다. 그런데 책에 적힌 대로 귀신을 불러 보아도 아무 반응이 없는 거라. 실망하신 아버지는 전통 종교나 제사, 그리고 전통 신앙을 좀 우습게 여기시게 되었지. 그러니 내 신앙생활은 상당히 자유로웠던 편이었다. 또 집안에서도 우리 아버지가 워낙 머리가 좋고 뛰어나셨으니까, 아버지가 자유로이 허용하는 신앙생활에 대해 마을에 모여 살았던 친지들이나 집안 어른들도 뭐라 하는 일이 없었고. 내가 온 동네에서 최초로 중학교에 입학했고, 동생이 두 번째로 입학했기에 마을 전체도 우리 가족 일이라면 일단 인정하고 높이 사는 분위기였지. 가장인 아버지께서 자유로이 허용하시니까 어머니야 당연히 반대하실 일이 없었고.

나중에 부모님을 전도하여 두 분이 교회에 다니시게 되었는데, 내가 없을 때 아버지께서 집 가까운 교회를 한 번 나가신 일이 있었다. 그런데 하필 그때 교회 전도사님이 설교 중에 공자를 언급하셨던 거다. 유교 경전을 꿰고 계신 아버지가 그 설교를 들으시고는 "무식하다"며 그 뒤로 교회를 안 나가시고 말았지.

물론 내가 주일 성수 때문에 주일에 치러진 고등학교 입시 체력 시험을 보지 않았던 일은 집에서는 모르는 일이었다. 시골 집과는 멀리 떨어진 경주에서 유학 중이었으니 아시기도 쉽지 않았고, 나 역시 굳이 말씀드리지 않았지.

극적인 신앙 체험은 없었지만…

기독교 신앙을 가지는 과정에서 드라마틱한 체험을 하는 사람들이 적잖다. 사도 바울은 기독교인들을 탄압하는 데 앞장섰던 인물로, 기독교인을 붙잡으러 다마스쿠스로 가던 중 눈을 멀게 할 정도의 강렬한 빛을 보고 신의 음성을 들은 뒤 역사상 가장 놀라운 복음 전도자가 된다. 종교개혁의 불꽃을 피워 올린 마르틴 루터도 원래는 법학을 공부했는데, 도보 여행 중 길 위에서 번개가 내리치자 너무 무서워서 그 시대 광부의 수호성인으로 추앙받던 성 안나에게 수도자의 길을 가겠다고 맹세의 기도를 올리고 수도원에 들어가게 된다. 거기서 그는 성경의 권위를 깊이 자각함과 동시에 스스로 얼마나 더러운 죄인인지를 깨달았다.

나는 그런 드라마틱한 개종 경험은 없다. 내 신앙은 마치 모태신앙인처럼 서서히 자라고 성숙해 갔다. 한 가지 기억나는 일이 있다. 고1 때였는지 고2 때였는지 정확하지는 않은데, 그 시절 한 가지 결심을 하게 된다. "성경에서 얘기하는 대로 나도 한

번 살아 봐야겠다"는 것. 왜 그런 무모한(?) 결심을 했는지 잘 모르겠다. 아마 당시 새벽기도를 열심히 다니고 혼자 열심히 기도하던 때여서 자연스레 그런 결심을 하지 않았나 싶다.

그 뒤로 매사에 철저히 진실 되게, 모든 행실과 언행을 정직하게 하면서 남을 속이지 말고 살아 보자고 마음먹고 그 결심대로 실천하려고 무지 애를 썼다. 매일 아침이면 단단히 결심하며 하루를 시작했지만, 제대로 성공한 날이 단 한 번도 없었다. 계속 실패만 거듭하다가 결국 '나는 안 되는 거구나, 할 수 없는 거구나' 하는 생각이 들면서 비로소 내가 죄인이라는 깨달음이 찾아왔다. 진실 되게, 정직하게 살자는 결심 하나조차 내 뜻대로 실천하지 못하는 존재가 나라는 걸 깨달은 거였지. 그때부터 더욱 마음을 다해 하나님을 의지할 수밖에 없었다.

지금 돌이켜 보면 그 시절 나는 모든 것을 어떤 정해진 규범대로 따르고자 하는 율법주의자였을지도 모르겠다. 교회에서 가르치는 내용을 나는 곧이곧대로 따랐다. 주일에 치러진 고등학교 입시 체력시험 거부도 무슨 돈독한 신앙심이 있어 그랬다기보다는 교회에서 그렇게 가르치니까 그대로 따랐던 거였다.

이색적인 개종 경험이 없었던 것처럼, 살아오면서 신앙의 큰 위기나 어려움도 별로 겪지 않았던 것 같다. 다만 미국에서 유학할 때 조직신학(기독교 신앙의 진리 체계와 내용을 이론적으로 분석·연구하는 학문으로, 신론·인간론·기독론·구원론·종말론 등으로 나뉜다)을 공부하면서 문득 신학에 대한 회의를 품었던 적이 있었다. '과연 인간이 절대자 하나님에 대해 논할 수 있느냐' 하는 게 고민의 이유였지. 조직신학에서 신론을 배우는데, 하나님이 인간이 논하는 논리의 대상이 될 수 있느냐 하는 의문에 대한 대답이 없었다. 결국 그런 회의가 조직신학을 공부하다가 철학으로 전공을 옮긴 중요한 계기가 되었다.

또 한번은 네덜란드에서 철학 박사학위 논문을 쓸 때 이런 일이 있었다. 논문 자체가 '나의 자아' 즉 에골로지Egology, 자아론에 몰두하는 작업이었는데, 어느 날 내 정신상태가 정상이 아니라고 느껴지는 노이로제 증세가 생겼다. 친구에게 물어보니 내 증세가 정신병적이라고 했고, 도서관에서 관련 책을 봐도 내 증상과 맞아떨어졌다. 그때부터였다. 콘서트 가서도 조용한 연주 시간에 갑자기 내가 벌떡 일어나서 막 고함을 지르게 되면 어떡하지, 예배드리다가도 나 혼자 마구 고함을 지르면 어떡하지 하는 두려움에 시달렸고, 이러다 죽으면 내 영혼은 어떻게 될까 하는 두려움이 수시로 몰려왔다.

그러던 어느 날 침대에서 엎드려 기도를 하던 중에 갑자기 '나는 이 문제를 어떻게 할지 모르지만 하나님이 다 알아서 하실 거야' 하는 생각이 떠올랐다. 그 이후로는 정말 신기하게도 아무렇지 않게 되었다. 나를 사방에서 숨도 못 쉬게 조여 오던 두려움이 먹구름 걷히듯 일순간에 사라져 버린 거였지. "이건 기적이다!" 이 말 외에 다른 말이 필요치 않았다. "하나님이 다 알아서 하신다"는 것은 곧 '하나님의 주권'에 대한 깨달음이었다. 또한 그 경험은 내가 "오직 하나님의 은혜"로 살아갈 수밖에 없는 존재임을 깨닫게 된 사건이었다.

신앙이 **철학에 걸림돌**이 되었냐고?

내가 철학을 전공하여 오랫동안 철학을 가르쳤으니, 신앙과 철학이 서로 충돌하거나 갈등을 일으킨 적이 없는지 묻는 이들이 있더구나. 내가 유학한 네덜란드 자유대학교가 기독교 철학이 강한 학교이긴 했지만, 나는 정작 기독교와 무관한 철학자들인 칸트와 후설에 관해 박사논문을 썼지. 그 과정이나 그 뒤로도 철학이 내 신앙에 걸림돌이 되거나 어떤 갈등을 일으킨 적은 없었다. 내가 이미 인간의 지식이 지닌 한계를 인식하고 있었기 때문이다. 그건 신앙 안에서 씨름하는 가운데 깨우친 것이다.

오히려 철학은 내 신앙에 보탬이 되었고 유익을 주었다. 신앙에 대한 학문적 비판이 그리 대단한 게 못 된다는 걸, 철학을 공부한 나는 잘 알게 되었거든. 철학을 공부하면서 인간의 이성, 지적 능력이 16, 17세기에 최고조에 이른 뒤로는 계속 내리막길을 걷고 있다는 걸 알게 된 것이다.

내 박사학위 논문 맨 마지막 줄에 프랑스의 철학자이자 과학자인 파스칼을 인용해 놓았다.

"철학을 조롱하는 것이 진정한 철학을 하는 것이다."

그런데 철학을 조롱하는 건 신앙이라야 가능하다. 철학 그 자체에 파묻히면 철학을 비판할 수 없다. 그런데 철학이란 학문이 본래 비판하는 작업이다. 내가 아는 철학하는 동료들 중에는 자신이 연구한 특정 철학자에 대해 굉장히 독단적인dogmatic 태도를 취하는 경우가 많단다. 자신이 연구한 철학자를 비판하지 못하는 거지.

언젠가 내가 어느 철학학술발표 모임에서 독일의 유명한 철학자 에드문트 후설을 비판하니까 분위기가 험악해지더라. "네가 뭔데 감히 위대한 후설을 비판하냐?" 하는 반응이었다. 그때 내가 "후설도 하루 한 번은 화장실 갔다"고 했거든. 마르크스주의자는 마르크스를 절대시하는 경향이 있다. 그래서는 결코 그를 넘어서지 못한다.

신앙이 아니라면 어떤 철학도 빈정댈 수 없을 거다. 절대자를 절대자로 받아들이지 못하면, 상대적인 걸 절대자로 받아들이게 되어 있지. 이게 바로 우상이다. 세상에는 지적 우상을 섬기는 사람들이 많다. 어떤 이념이나 정신을 우상으로 섬기고 이에 헌신하는 사람들이 많다는 얘기다. 나는 모든 이념이나 사상을 빈정거리고 조롱할 수 있다고 생각한다. 내게 기독교라는 절대 신앙이 있으니까 가능한 일이다.

너희들 가운데 이런 질문(또는 의문)을 품고 있는 친구들이 있을지도 모르겠다.

"살아가는 데 신앙이 꼭 필요한 건가요?"

"신앙은 원래 지루하고 고리타분한 거 아닌가요?"

"신앙생활을 하게 되면 종교적 가르침을 지켜야 하고 또 거기에 얽매여 살아가게 되지 않나요?"

물론 신앙생활을 한다는 건 어떤 규범을 지켜야 하는 거긴 하지만, 그게 전부는 아니며 또 거기에 얽매일 필요도 없다. 또 그걸 고리타분하게 여긴다면 신앙의 가치를 잘못 평가하는 거란다. 신앙은 고리타분한 것이 아니고 우월한 것이다. 지금까지 살아온 내 삶에 유익이 되었을 뿐 아니라, 그 누구의 삶에도 유익이 될 수밖에 없다. 신앙이란 다른 사람의 시선이나 어떤 규범에 얽매이는 게 결코 아니다.

왜 꼭 '예수'여야 하는지, 아무 신이나 믿고 선을 행하며 살아가면 되지 않는지 의문이 들지도 모르겠구나. 잘 생각해 보렴. 어떤 신이든 아무 신이나 믿고 선행하면 된다는 생각 자체가 벌써 종교적 선택을 한 거다. 어떤 종교든 있으면 된다는 자기 나름의 대 원칙에 헌신한 셈이지. 종교는 그런 게 아니다. 자신의 신앙을 선택하고, 거기에 입각해서 다른 것을 판단해야 한다.

물론 나는 기독교 신앙을 선택했고 성경의 가르침이 옳다고 확신하지만, 그렇다고 다른 종교는 무조건 우상이라는 식으로 단정 짓는 것은 동의하지 않는다. 자신이 믿는 종교가 절대적이라는 확신이 있다고 하여 다른 종교를 깎아내리거나 헐뜯어서는 안 된다. 나로서는 역사적으로도 기독교 신앙이 가장 고상하다는 확신이 있지만, 그렇다고 다른 종교를 적대시하거나 낮추어 말하는 건 현명하지 못한 일이다.

의문 또는 회의 :
〈도가니〉, 신화 같은 이야기, 잔인한 하나님?

요즘에는 신앙의 이름으로 세상에서 손가락질 받을 일을 하는 사람들이 부쩍 많이 드러나는 것 같다. 이런 모습을 보면서 너희들이 혼란을 겪거나 기독교 신앙에 회의를 갖게 되지 않을까 염려스러운 마음이 있다. 사회적으로 화제가 되었던 영화 〈도가니〉에도 청각장애 학생들을 성폭행한 장본인 중에 교회 장로가 나오지. 그런 부분에서 회의가 들 수도 있을 것이다.

이런 경우 중요한 건 한쪽만 보아서는 안 된다는 거다. 그리스도인들 가운데 그런 이들만 있는 게 아니기 때문이다. 일평생 사회적 약자나 타인을 위해 자기 삶을 바친 장기려 박사나 손양원 목사 같은 훌륭한 분들도 많다. 부정적인 측면만 보고 신앙을 멀리하거나 비난하는 건 공정하지 않은 일이다. 신앙의 이름으로 온갖 부정한 일을 저지르는 사람들을 신앙인이라 할 수 있을까. 그건 신앙이 아니거나, 신앙이라 하더라도 많이 회개해야 하는 경우일 것이다.

교회를 매주 나가지 않아도 하나님만 믿으면 되지 않느냐는 친구들이 있더라. 요샌 인터넷도 잘 되어 있으니 온라인으로 설교 듣고 혼자 예배드려도 되지 않느냐는 거지. 그런데 신앙생활에서 중요한 건 내가 어떻게 생각하느냐가 아니란다. 성경이 어떻게 가르치느냐가 중요하지. 내 생각, 내 판단이 기준이 아니라 성경의 가르침이 기준이 되어야 한다는 얘기다. 안식일이라는 게 쉬는 날일 뿐 아니라, 성도들이 함께 모여 하나님을 생각하고 예배하는 날이니까 그 가르침에 따라야 하는 거란다. 자기 생각에 옳다 하여 마음대로 해서는 안 된다. 매주 교회 안 나가도 혼자 성경 읽고 예배드리고 하면 되지 않느냐는 건 오로지 자기 생각, 자기 소견인 거지.

신앙생활을 하다 보면 여러 어려운 문제들이 생기기도 한다. 특히나 신앙생활을 막 시작하는 경우, 천지창조나 선악과, 노아 홍수, 부활 같은 이야기가 이해되지 않거나 마음으로 믿어지지 않을 수도 있을 것이다. 어떤 점에서는 그게 당연한 일이다. 지금 우리는 논리적이고 과학적인 것만이 확실하다고 믿는 시대를 살아가니까 말이다. 예전에는 그렇지 않았다. 지금보다는 쉽게 믿고 받아들였다.

물론 쉽게 안 믿어지는 것 자체를 뭐라 할 수는 없다. 그렇지만 안 믿어진다는 사실 그 자체를 절대시하지는 말았으면 좋겠구나. 오히려 마음속에 드는 의구심이나 의심을 있는 그대로 하나님 앞에 고백해 보면 좋겠다. 안 믿어지니까 신화라고 단정 짓지 말고 한번 기도해 보려무나. 이 할아비도 고1 때 모든 게 의심이 되고 안 믿어져서 기도하며 씨름한 적이 있었지. 그때 인간이 지닌 지식이라는 게 얼마나 한계가 많은지를 깨닫게 되면서 오히려 더 믿음이 단단해진 경험이 있단다.

나에게는 예수님의 부활이 이론적으로도 확실히 납득이 된다. 부활이라는 역사적 사건이 없었다면 성경에 나오는 그런 기록이 애초에 불가능하다. 여자들이 증인이 될 수 없었던 시대에 어엿이 부활의 증인으로 나오기 때문이다. 인정받지 못하는 사회 구성원들이 증인으로 등장하는 기록이야말로 거꾸로 부활의 역사성을 강력하게 증거하는 셈 아니겠니. 또한 사도들이 부활 사건 이후에 완전히 변화되었다. 완전히 달라져서 목숨을 걸고 전도를 했다. 사도행전에 기록된 그런 일들은 부활이 없고는 일어날 수도, 설명할 수도 없는 일인 것이다.

신앙생활을 하다 보면 의문이나 의심이 생기기도 한다. 그건 자연스러운 성장 과정이다. 옛날에 내가 품은 질문 중에 이런 게 있다. '이스라엘 민족에게 가나안이나 블레셋 같은 이방 민족들을 모두 다 죽이라고 명령하신 구약의 하나님은 과연 선한 하나님인가?'

그런데 구약시대에는 여호와 하나님을 섬기는 신정국가로서의 이스라엘이라는 나라가 존재하느냐 사라지느냐의 결정적 문제가 걸려 있었다. 이스라엘은 가나안이나 블레셋과는 달리 자연 종교(자연 발생의 원시 종교 형태로 주물 숭배나 다신교, 자연 숭배 등을 가리킴)를 믿지 않고 '계시의 종교'(하나님이 자신의 뜻을 사람에게 나타내 보이신다고 믿는 종교)를 믿었다. 그런데 계시의 종교는 사람의 생각과 다르기에 인간의 논리와 맞지 않는 부분이 많다. 그에 반해 자연 종교는 인간의 입장에서는 그럴 듯하게 보이는 측면이 있다. 그러니 이스라엘이 주변 민족들의 자연 종교에 영향을 받아 계시의 종교를 버리고 우상을 숭배하는 건 신앙적 타락이자, 이스라엘의 생존 자체를 위협하는 일이기에 이방 종교를 일절 용납하지 말라고 명령하신 것이다. 그러나 다윗 왕의 아들 솔로몬 왕이 이방 종교의 여자들과 결혼한 뒤 이스라엘 백성이 이방 종교의 유혹을 받았다.

지금까지 살아오면서 '만일 내게 신앙이 없었다면 지금 어떻게 되어 있을까' 하는 생각을 해본 적이 여러 번 있다. 아마 내가 신앙 없이 살았다면 틀림없이 세속적으로 야심 많은 정치가나 판검사가 되었을 가능성이 크고, 좀 지루하고 따분하게 살았을 것 같다.

나는 성경의 가르침에 따라 이날까지 살아온 삶을 후회하지 않는다. 신앙 안에서 엄격하게 교육받으며 자랄 때, 그게 친구들이 보기에 따분하게 보였을지는 모르겠지만 나는 결코 따분하지도, 손해 보지도 않았다. 여든이 가까운 지금, 나는 내 삶이 참 좋고 감사하기만 하다. 혹시 아직 신앙이 없거나 고민하는 친구들이 이 글을 읽는다면, 한번 신앙생활을 시작해 보라고 진심으로 말하고 싶다. 나 역시 중2 때 무슨 대단한 계기로 처음 교회에 갔던 게 아니었다. 그냥 친구가 가자고 해서 가본 거다.

내가 교회 안 다니고 신앙생활을 하지 않았다면, 나는 인간적으로도 수준 낮고 불행한 인간이 되었을 것이다. 하여 팔십여 년을 산 내 경험으로 얘기하자면, 누구든 신앙을 가지고 성경의 가르침을 따라 살기 위해 노력해 보라고 진심으로 권하고 싶다. 굉장히 행복하고 감사한 인생을 살았다고 여기는, 남은 날이 길지 않은 노인의 가슴에서 우러나온 말이다.

물음표 열 넷 ,

정직하게 살면
손해 보지 않나요?

 이번에는 '정직' 이야기를 좀 할까 한다. 요즘 같은 세상에선 정직이라는 단어 자체가 아주 낡은 '흑백 텔레비전' 같은 느낌을 줄지도 모르겠단 생각이 문득 드는구나. 그런데 낡고 오래되고 빛바래 보이는 것들 가운데 본질적이고 가치 있는 것이 많이 있는 법이란다. 겸손, 순종, 신뢰, 오래 참음… 같은 것들 말이다.

정직에 얽힌 기억 둘

정직을 이야기하니 고교 시절의 일이 떠오르는구나. 앞서 잠시 얘기했듯 당시 나는 '정직하게, 거짓말하지 않고 살아 보자'는 엄청난(?) 결심을 하게 되었다. 그런 뒤로 남을 속이지 않으려고 내 마음속의 본심을 그대로 말했지. 예를 들면, 멋지거나 예뻐 보이지 않는 사람을 보고 "멋지다" "예쁘다"고 말하는 걸 정직하지 않고 남을 속이는 거라 생각해서 그렇지 않다고 솔직히 말해 버리는 식이었다. 그러니 젊어 보이지 않는 어른들에게 "젊어 보인다"고 말하고 나면 마음에 엄청 가책을 느끼는 거지.

그땐 왜 그랬나 모르겠다. 나로선 그런 게 '정직'이라 믿었고 매일 그걸 실천하려고 무지 애를 썼단다. 정직 또는 거짓을 굉장히 좁게 해석했던 셈이다. 그랬으니 매일 얼마나 자주 양심의 가책에 시달렸겠니? 나중엔 도저히 감당하기 힘들어서 내가 말 한 마디도 정직하게 할 수 없는 인간이구나, 하고 깨달았지. 그래서 "하나님, 제가 죄인입니다"라고 고백하게 되었고. 지금 같았으면 그냥 의례적인 인사로 "예쁘다" "젊어 보인다"는 말을 아무 거리낌 없이 했을 텐데 말이야. 그래도 그 일을 통해 인간의 연약함을 깨닫게 되고 하나님 앞에 겸손함을 배웠으니 내겐 매우 유익한 경험이었지.

내가 군대에서 경험한 일도 얘기하지 않을 수 없구나. 대학원 1학기를 마치자 영장이 나와 입대한 군대란 조직은 어찌 보면 내게 세상이 어떤 곳인지 최초로 경험하게 한 공간이었다. 그때가 박정희가 주도한 5·16 군사정변 이후였는데도, 군대가 얼마나 부패했는지 말로 다할 수 없을 정도였다. 당시 나는 군수물자를 지키는 경비중대에서 보초를 섰는데, 이등병부터 중대장까지 군수물자를 훔치지 않는 사람이 없었지. 그때만 해도 순진한 기독교 신앙을 곧이곧대로 지키던 나로서는 참 견디기 어려운 일이었다. 이때의 경험이 나에게 사회를 바로잡는 일을 해야겠다는 생각을 갖게 한 계기가 되었으니, 이 또한 나름 의미 있는 시간이었던 셈이지.

정보화 시대는 정직이 더 중요해진 시대

정직이란 사실대로 말하고 그대로 행동하는 것이다. 다른 사람에게 해가 되도록 사실을 왜곡하거나 그릇되게 알리는 것이 거짓이고. 넓게 보면 다른 사람의 것을 훔치지 않는 것도 정직에 포함될 수 있겠지. 그러나 사실 아닌 것을 말해도 그것이 아무에게도 해를 끼치지 않으면 비도덕적이라 할 수는 없다.

우리는 흔히 "정직한 사람이 손해 본다"는 말을 종종 듣는다. 그런 잘못된 통념이 널리 퍼져 있는 데는 그만한 이유가 있을 것이다. 실제로 남을 속이고 사기를 쳐서 부자가 되거나 성공하는 사례가 있으니 말이다. 물론 그런 성공은 자기중심적인 것이어서 결코 사회를 유익하게 하는 성공은 아니지. 예를 들어 《삼국지》에서 늘 정도正道를 걸으려 하는 유비보다 교활한 계략과 권모술수에 능한 조조가 더 빨리 권력을 잡고, 마침내는 위나라의 왕이 된 일을 두고도 그런 말들을 하지.

그런데 "정직한 사람이 손해 본다"는 그런 통념이 과연 사실인지 아닌지를 따져 봐야 하지 않을까 한다. 무질서하고 부정부패가 널리 퍼져 있던 과거에는 그런 말이 상당히 통했을 것이다. 조조가 승승장구하던 시대도 한나라가 망해 가던 어지러운 난세亂世였다는 걸 감안해야겠지. 조조 이야기가 나왔으니까 말인데, 우리 속담에 "조조의 화살이 조조를 쏜다"는 말이 있다. 자기 꾀에 자기가 망한다는 뜻이다.

지금은 과거 어느 때보다 정직이 중요한 시대가 되었다. 옛날에는 사람들이 대부분 자연과 더불어, 자연 속에서 살아가는 시대였잖니. 자연을 삶의 터전 삼아 농사를 짓고 목축을 하던 그 시대에는 자연의 변화와 섭리를 얼마나 잘 살피고 꿰뚫느냐가 대단히 중요했단다. 다시 말해 자연과의 관계가 인간관계보다 삶에 훨씬 더 큰 영향을 끼치는 요소였던 거지. 그런데 지금은 자연보다는 사람을 상대로, 사람 속에서, 사람과 더불어 살아가는 삶이 훨씬 중요해졌지. 인간관계를 어떻게 맺느냐가 곧 우리 삶의 성패成敗를 좌우하는 중요한 요소가 된 거야. 이 인간관계에서는 '정직'만큼 중요한 게 없다고 생각한다. 정직 없이 어떻게 다른 사람에게 신뢰를 얻을 수 있겠니? 신뢰받지 못하는 사람이 어떻게 중요한 일, 중요한 책임을 맡을 수 있겠니? 그럴 수도 없고 그래서도 안 된다.

흔히들 정보 사회, 정보화 시대를 살아간다는 말을 한다. 이 말은 '정보'가 사회에서 굉장히 중요한 요소라는 걸 의미하지. 그런데 이 정보라는 게 얼마든지 사람이 조작하고 속일 수 있다는 게 문제다. 그래서 한순간에 많은 돈을 벌기 위해 주식이나 주가를 갑자기 올리거나 떨어뜨리려고 거짓 정보나 왜곡된 뉴스를 만들어 내서 퍼뜨리는 사람들이 생긴단다. 그 때문에 정직하게 투자한 수많은 이들이 엄청난 피해를 입지. 정보화 시대로 가면 갈수록 정직이 얼마나 중요한 가치인지 알 수 있는 사례다.

정직은 신뢰를 낳고, 신뢰는 성공을 선물한다

우리 주변에는 "정직은 윤리 교과서에나 통하는 말이지 현실은 다르다"고 말하는 사람들이 있다. 할아비는 그 말이 틀렸다는 걸 자신 있게 말할 수 있다. 내 개인적인 경험만 놓고 봐도 그렇다. 정직하면 잠시 손해 볼지는 몰라도 결국에는 그게 이익이고 잘되는 성공의 길이었거든.

정직은 신뢰와 직결되는데, 사회에서는 신뢰를 얻고 나면 굉장히 수월히 일할 수 있다. 나는 여러 시민 단체와 기관, 조직의 대표를 많이 맡아 봤고 지금도 맡고 있지. 그런데 이게 내가 일을 잘해서라기보다는 웬만큼 사회에서 신뢰를 받고 있고 믿어 주기에 가능한 일이다. 내가 이름 없는 작은 단체나 조직의 이사장이나 대표를 맡게 되면, 반드시 정직하게 운영하고 공인회계사를 통해 재정을 투명하게 다 밝히도록 요청을 한다. 그러면 자연스럽게 그 단체나 조직도 외부로부터 신뢰를 받으면서 성장하더구나. 자신 있게 말하는 거지만, 지금껏 정직하게 일을 처리해서 손해 본 단체가 없었다. 기윤실, 밀알선교회, 밀알복지법인, 샘물호스피스 등 모두 이름 없는 작은 단체였으나 지금은 그 분야에서 신뢰를 얻고 성장한 단체가 되었지.

기윤실 대표를 맡고 있을 때, '정직 운동'을 오랜 기간 펼친 적이 있다. 정직 운동을 통해서 한국 교회와 사회가 얼마나 더 정직해졌는지는 자신할 수 없구나. 오죽했으면 "기윤실 운동 실패했다"는 한탄 섞인 말을 한 적도 있었다. 그러나 최소한 아무도 정직을 말하지 않는 상황에서 "정직하자"고 잔소리하고 질책하니까, 최소한 대놓고 남을 속이거나 거짓을 행하지 못하는 분위기는 만들어진 것 같다.

한 가지 기억에 남는 일이 있다. 공무원으로 일하시는 분 중에 돈(뇌물)이 많이 들어오는 직책을 맡고 계신 분이 있었다. 압구정동에 아파트를 두 채나 갖고 있을 정도로 잘살았지. 그분이 교회를 나오기 시작하여 내 설교를 들었는데, 그 영향으로 아파트를 팔아 버리고 변두리로 밀려 나가 살게 되었다. 아파트 두 채를 모두 팔아 버렸고, 소유도 점점 줄어들게 되었지. 당시 나는 개인적으로 굉장히 미안한 마음이 들었다. 그때 세상 사람들은 그분들을 바보 같다고 손가락질했을지 몰라도, 정작 그 부부는 굉장히 행복해하시더구나. 그분들이 기윤실 회원이 되어 기부도 많이 하셨다. 그러다 나중 그분들이 살던 변두리 지역의 땅값이 올라서 어느 정도 재산이 회복되었지. 마치 정직하게 살고자 결단하고 실천한 데 대해 보상을 받은 것처럼 말이다.

정직은 한 사회의 수준을 보여 주는 지표

너희들 중에 또래 친구들의 정직 문제로 고민한 적은 없니? 같은 반 친구가 시험 볼 때마다 커닝을 하는 걸 보았거나 알고 있다면 어떻게 해야 할지 고민이 될 거다. 특히나 너희들처럼 '또래 집단의 압력'peer pressure이 강한 중고생 시절엔, 그런 상황을 사실대로 선생님에게 밝힌다는 건 굉장히 어려운 일이지.

이런 상황에서 우선 중요한 건, 최소한 자신은 그런 부정행위에 동참하지 않는 거다. 자기에게도 그럴 가능성이나 기회가 있음에도 꿋꿋이 중심을 지키면, 다른 사람들에게 선한 부담을 줄 수 있거든. 다음으로 할 수 있는 일은 우정 어린 충고를 해주는 거야. 그 친구의 장래를 위해 그건 바람직하지 않다고 말하는 거지. 혼자 권면해서 안 들으면, 마음 맞는 다른 친구와 함께 찾아가서 다시 말할 필요가 있다. 성경에도 혼자 말해서 듣지 않을 땐 두세 사람이 함께 증인으로 가서 말하라는 내용이 있단다. 그래도 안 들을 경우에는 최종 수단밖에 남지 않겠지.

내가 서울대에서 가르칠 때, 마지막 10여 년간은 시험 감독을 하지 않았다. 시험 시간에 맞추어 들어가서 시험지만 나누어 주고 감독은 하지 않은 거지. 총신대나 고신대에서 강의했을 때는 학생 수가 아무리 많아도 감독하지 않고 학생들 스스로 시험 보게 했다. 당시 서울대생 한 명은 시험지에 감독 없이 시험 보는 자신들이 대견하다고 적었고, 고신대생은 자기들을 믿어 주어서 감사하다고 썼더구나. 총신대에서는 학생들이 자체적으로 '하나님 앞에 정직'이라는 리본을 달고 시험을 봤다.

독일에도 우리나라의 수능시험과 비슷한 졸업시험인 '아비투어'Abitur라는 게 있다. 그 시험 성적 하나로 고등학교 졸업과 대학 입학 자격이 결정되는데도 수험생들은 자신들이 다니는 학교에서, 그 학교 교사의 감독하에 시험을 보고 채점도 같은 교사들이 한다고 들었다. 주관식 문제의 채점까지도 그 학교 교사들이 한다는구나. 만약 우리나라에서 그런 식으로 수능시험이 치러진다면 어떤 일이 벌어질까?

작년 12월 초에 국제여론조사 기관인 '국제투명성기구'

Transparency International가 〈2014년 부패인식지수CPI〉를 발표했는데, 한국이 전 세계 175개국 중 43위를 차지했더구나. CPI는 국제투명성기구가 매년 공공부문 부패 수준에 관해 실시한 설문조사 결과를 평가해 발표하는 '투명성 지수'다. 점수가 높을수록 투명한 사회라고 볼 수 있지. 우리나라는 100점 만점에 55점에 불과했다. 중동의 카타르(26위/69점), 남미의 우루과이(21위/73점), 아시아의 불교국 부탄(30위/65점)보다 못한 순위지.

놀라운 점은 기독교인이 27퍼센트나 되는 우리나라가 43위인데 반해, 기독교인 비율이 전체 인구의 1퍼센트 정도밖에 안 되는 일본이 15위(76점)라는 사실이다. 이는 한국 교회가 소금의 역할을 거의 못하고 있음을 보여 주는 증거 아닐까? 가시에 찔려도 아픈 줄을 모르듯, 한국 기독교도 도덕불감증에 걸려서 양심의 감각을 잃은 게 아닌가 싶어 마음이 아프다. 언론에서도 한 사회의 정직성 수준을 알 수 있는 이 결과를 그리 중요하게 보도하거나 다루지 않는 걸 보고 나는 더 안타깝고 놀라웠다.

현재와 미래를 위한 가장 중요한 투자

우리는 종종 '선의의 거짓말'을 하기도 한다. '좋은 의도'를 가진 거짓말이라는 건데, 이는 상대방에게 손해가 아니라 이익이 되는 거짓말을 뜻하는 말이다. 예를 들면 의사가 환자에게 질병

상태를 사실 그대로 알릴 경우, 환자가 너무 낙담하고 상심해서 병이 더 악화될 가능성이 있을 때는 사실 그대로를 말하지 않는 게 여기에 해당하겠지. 그러니까 선의의 거짓말이란, 상대에게 해를 끼치지 않는 동시에 주변 사람들도 피해를 보지 않는 경우에 성립되는 것이다.

거짓말과 관련된 유명한 이야기가 있다. 18세기에 독일 철학자 칸트와 프랑스 철학자 꽁스땅스가 서로 논쟁을 벌인 일화다. 칸트는 "어떤 경우에도 거짓말을 해서는 안 된다"고 했고, 꽁스땅스는 "악인에게는 거짓말을 해도 괜찮다"고 했지. 꽁스땅스의 논리인즉 "악한 사람은 진리를 누릴 권리가 없다"는 거였다. 물론 칸트의 주장이 전혀 잘못되었다 할 수는 없지만, 악한 사람이 선한 사람을 해하려고 할 때는 그것을 막기 위해 거짓말을 할 수 있다고 생각한다. 그런 점에서 나는 꽁스땅스 편이다. 그러나 그런 거짓말이 내게 이익이 되거나 전혀 악하지 않은 제 3자에게 해가 되어서는 안 될 것이다.

우리는 일상적으로 '선의의 거짓말'을 하지. 사실 여부와는 상관없이 예뻐 보인다, 훨씬 젊어 보인다, 잘 어울린다 등 상대를 기분 좋게 하는 선의의 거짓말을 태연하게 하며 산다. 나는 모임에 초청을 받았을 때, 내가 꼭 가지 않아도 되는 자리지만 거절하기가 곤란하여 정말 난감한 경우를 자주 경험한다. 내가 안 갈 경우 모임에 문제가 생긴다면 모르겠지만 그저 얼굴 내밀어 달라는 요청인 경우, 가기는 싫은데도 거절하기가 참 곤란하더구나. 차라리 선약이라도 있으면 핑계가 될 텐데, 선약이 없는 경우에는 없는 약속을 만들어서 말할 수도 없어 애를 먹곤 하지. 그럴 때 내가 하는 선의의 거짓말이 있다. "개인적으로 갈 상황이 안 되어 못 간다"고 하는 거다. 이런 경우 서양 사람들은 그냥 가기 싫다고 말하고, 상대방 역시 그걸 또 쿨하게 받아들인다. 하지만 우리 사회에서 그랬다간 다시 보지 말자는 의미로 받아들여지니까 그럴 수 없는 거다.

정직은 우리의 일상생활에서 늘 행해져야 하는 거란다. 친구에게 거짓말하지 않고, 부모님 속이지 않고, 정직하게 말할 수 있어야 한다. 남을 속이고 거짓말하는 사람은 정말 하나님 믿는 사람인지 의심해 볼 필요가 있다.

무엇보다 지금 너희들 때에 '정직 훈련'을 철저히 받으면 좋겠다. 지금도 그렇지만, 앞으로 어른이 되어서도 정직이 너희들에게 엄청난 자산이 될 게다. 다른 사람들로부터 받는 신뢰나 신임은 엄청난 능력이고 실력이 된다. 머리가 아주 뛰어난 사람이라도 사기꾼이 되어 감옥 가는 사람이 수두룩하잖니. 그리스도인들에게는 정직이 마땅한 덕목이지만, 그것이 우리에게 가져다주는 유익은 말로 다하기 어렵다. 그러니 부디 정직하게 살려고 애써라. 노력해라. 그런 사람이라야 나중 어딜 가서도 신뢰를 받고 올바른 지도자가 되어 있을 것이다.

물음표 열다섯,

다들 '외모'가
경쟁력이라잖아요?

 만나 보면 단번에 알겠지만, 나는 키가 작고 체구도 왜소하고 마른 편이어서 외모로는 별 볼품이 없다. 나의 10대 시절에도 친구들 사이에 키나 얼굴 가지고 놀리는 일이 더러 있었다. 잘생긴 녀석을 부러워하거나, 나처럼 키 작고 왜소한 친구들이 스스로 위축감을 느끼기도 했고. 그렇다고 지금처럼 심한 콤플렉스에 빠지거나 집단 따돌림을 당하는 일은 내 주변에선 본 적이 없다. 나처럼 왜소한 친구들이 많다 보니 서로 그다지 콤플렉스를 느끼지 않았던 것 같다. 누가 놀려도 그냥 웃고 잊어버리는 정도였다.

다만 힘과 기운이 좀 더 세졌으면 좋겠다고 바란 적은 있다. 그래서였을 게다. 중학교 때 선생님이 칠판에 쓰신 "아는 것이 힘이다"라는 글귀 한 줄이 강렬하게 꽂혔던 건.

지금 생각하면 우스운 일이지만, 그때는 영국 철학자 프랜시스 베이컨이 남긴 그 한마디에 얼마나 가슴 찡했는지 모른다. 많이 알면, 지식이 많아지면 나도 힘이 강해질 수 있겠구나 하는 생각이 들었던 거지.

'성형 대한민국'의 현실

요즘 드라마나 영화에 나오는 젊은 배우들은 대부분 키가 180센티미터가 넘는다는 얘길 들었다. 근육질의 탄탄한 몸, 이른바 '식스팩'을 자랑하는 '짐승돌'이라는 말도 있다더구나. 이런 흐름 탓인지 얼굴과 몸매가 '경쟁력'이라며 목소리 높이는 시대가 되었다. 들려오는 얘기에 의하면 요새는 초등생 때부터 외모에 대한 관심이 높아서 여자아이들의 경우 일찍부터 화장을 시작한다더구나. 중학생이 되면 화장하지 않는 여학생이 거의 없을 정도이고, 심지어 20, 30대 남자들도 메이크업을 하고 다니기까지 한다고.

외모에 대한 관심과 숭배 현상은 성형수술 열풍만 봐도 알

것 같다. 우리나라 성형 수술이 인구 비율로는 단연 세계 1위라는 기사가 보도된 적이 있다. 2013년에 나온 국제미용성형외과협회 보고서에 따르면, 한국이 인구수에 비해 성형 수술 건수가 세계에서 가장 높은 나라였다.

언젠가 인터넷에 올라온 어느 성형외과 홍보 현수막의 문구를 본 적이 있다.

"어머니 날 낳으시고, 원장님 날 만드셨네!!"

병원 외부에 걸어 놓은 광고용 현수막에 큼직하게 적혀 있는 문구를 보면서 웃어야 할지, 울어야 할지 모르겠더라.

대입 수능시험을 치른 고3들을 대상으로, 수험표를 제시하면 수술비를 할인해 주는 이른바 '수능 성형'도 유행이라더구나. 불과 1년 전이던가, '수능 성형'을 받던 여고생이 뇌사 상태에 빠지는 사고가 일어나 큰 충격을 안기기도 했지.

〈미녀는 괴로워〉라는 영화를 본 적 있니? 한나라는 이름의 뚱뚱한 여자가 주인공이지. 한나는 노래 실력이 아주 뛰어난데도 외모 때문에 사람들에게 무시당하고 외면당하며 '투명인간' 취급을 받곤 했다. 어느 날 한나는 전신 성형수술을 받게 되었고, 수술 전의 모습을 알아보지 못할 정도로 예쁘게 변신하게 되었지. 그제야 한나가 모든 사람의 주목을 한 몸에 받는 주인공이 된다는 이야기야.

이 비현실적인 코미디 영화를 600만 명이 넘는 관객이 봤다는 사실이 뭘 의미하는 걸까? 이처럼 외모지상주의를 다룬 영화나 드라마가 계속 나오는 이유는 뭘까? 나는 그게 우리 사회의 실제 현실을 다루고 있기 때문이라고 본다. 얼짱, 몸짱, S라인… 이런 말들이 다 그런 현실을 담고 있는 거겠지. 요새는 '페이스스펙'이라는 말도 있다더라. '얼굴'face이 곧 '스펙'이라는 뜻이라더구나.

감각의 숭배와 외모 우대 문화

물론 이런 외모 숭배 현상이 비단 우리나라만의 이야기는 아니다. 세계의 문화 변천 과정을 보면, 원래 고대에는 외모를 중시하지 않았다. 그 시절에는 눈에 보이는 것을 그다지 중요하게 여기지 않았기 때문이지. 특히 고대 그리스인들은 감각을 전혀 믿지 않았지. 눈으로 보고, 귀로 듣고, 손가락으로 만져지는 것을 불신했다는 얘기다. 그들은 눈으로는 볼 수 없는 '이성'만을 중요시했고, 감각의 대상은 전혀 중요하게 여기지 않았지. 예를 들면, 이런 말이 있을 정도였다.

"눈에 보이게 그려 놓은 삼각형은 삼각형의 타락이다."

시각을 통해 볼 수 있는 삼각형이라면, 그건 이미 불완전하고 문제가 있는 것이지 온전한 삼각형은 아니라는 얘기다. 이처럼 그들은 감각적인 것을 완전히 무시했지.

그런데 역사의 시곗바늘이 고대에서 근대로, 근대에서 현대로 옮겨 갈수록 이성보다는 감각이 더 중요하게 여겨지는 시대로 바뀌어 갔다. 17세기 영국에서는 "인간의 모든 의미 있는 지식은 이성이 아닌 경험으로부터 나온다"고 주장하는 철학사조가 널리 퍼졌는데, 이것을 영국의 '경험론'이라고 부른단다. 여기서 '경험'이란 바로 감각을 통해 얻는 것을 말한다.

과학을 예로 들어 볼까. 현대의 과학은 하나의 이론이 '실험'을 거쳐서 확정되고 널리 인정받게 되지만, 고대의 과학에서는 '실험'을 아예 무시했지. 감각을 바탕으로 삼는 실험을 인정할 수 없었던 거야. 그러다가 종교개혁 이후부터 감각이 바탕이 되는 실험이나 경험이 중요시되기 시작했다. 결국 현대로 넘어올수록 이성은 점점 더 뒷전으로 물러나고 감각이 훨씬 더 우대받는 분위기가 세계적인 흐름이 되었고.

그렇다 해도 역시 인간의 감각이란 불변하는 것이 아니어서, 어떤 상황이나 조건에 따라 변하기도 하고 오래 지속되지도 않지. 감각이나 감각의 대상을 중시하는 것은 불가피한 문화 현상이긴 하지만, 그게 꼭 바람직하다고 볼 수는 없다. 눈에 보이는 것이나 마음에 느껴지는 것을 너무 중시하다 보면, 자칫 인간관계를 비롯하여 모든 것들이 쉽사리 흔들리거나 믿을 수 없게 될지도 모른다.

'교언영색'이라는 말을 들어보았니? 너희 친구 중에 말을 아주 번지르르하게 잘하고 얼굴 표정을 다른 사람이 보기 좋게 잘 꾸며서 남의 비위를 잘 맞추는 사람 있지 않니? 교언영색이란 바로 그런 사람을 가리키는 옛말이지. 글자 그대로 풀이하면 '교묘한 말'巧言과 '보기 좋게 꾸민 얼굴'令色이라는 뜻인데, 이런 사람들 치고 진실한 사람이 없다고 공자가 말했지.

또 '미인박명'美人薄命이란 말도 있다. '얼굴이 아름다운 사람은 불행한 삶을 산다'는 뜻이다. '박명'이라는 단어를 '요절한다' (젊은 나이에 죽다)고 풀이하기도 하는데, 원래는 '인생을 불행하게 살아간다'는 뜻이란다. 이 말은 중국의 옛 시인 소동파의 시에서 유래했다는데, 삼국지에 나오는 초선이나 당나라 현종 때의 양귀비, 그리고 이집트의 여왕 클레오파트라가 그 예가 될 만하겠지.

그런데 마음이 곧고 착한 사람들의 경우, 그 내면과 심성이 겉으로도 드러나지 않던? 흔히 "사람 좋아 보이더라"는 말은 됨됨이가 자연스럽게 겉으로 드러나 보일 때 쓰는 말이다. 내면이 무르익으면 얼굴 표정이나 분위기로 나타나는 거지. 이건 '메이크업'makeup으로 드러낼 수 있는 게 아니다. 메이크업은 인위적으로 꾸며야make 하지만, 믿음직하고 진실한 됨됨이는 메이크업이나 표정 연기로 꾸며 낼 수 있는 게 아니거든.

세상이 온통 외모를 숭배하고 떠받드는 판에, 너희들이 외모에 관심 갖는 것 자체야 어찌 나무랄 일이겠니. 하지만 외모에 지나치게 많은 시간, 돈, 마음을 쏟게 하는 이 시대의 흐름은 경계해야 마땅하다.

성경 인물들의 '외모' 이야기

그런데 이처럼 온 세상이 숭배하고 떠받드는 외모는 자주 우리를 속인단다. 얼굴 잘생긴 사람이 반드시 유능하거나 진실하다는 보장이 없는데도, 겉모습만 보고 쉽게 판단해 버리는 잘못을 범하곤 하지.

성경에도 '외모'에 관한 이야기가 종종 나온다. 그중 다윗의 아들 압살롬이 대표적이지.

> 온 이스라엘에, 압살롬처럼, 머리끝에서 발끝까지 흠잡을 데가 하나도 없는 미남은 없다고, 칭찬이 자자하였다(삼하 14:25).

이스라엘 대표 미남 압살롬이 아버지 다윗 왕을 배반하고 반역을 일으킨 장본인이잖니. 그런 그가 비극적 최후를 맞은 게 외모 때문이었다. 머리숱이 많고 풍성하기로도 으뜸이었던 그는 아버지의 군사들과 싸우다 패하여 도망가던 중 나뭇가지에 머리카락이 걸려 대롱대롱 매달린 채 창에 찔려 죽고 말았단다.

외모 때문에 왕이 되지 못할 뻔한 일화도 있지. 바로 압살롬의 아버지 다윗 이야기야. 구약 성경 사무엘상에는 이스라엘의 선지자 사무엘이 사울을 대신할 새로운 왕을 택하는 이야기가 나온다. 하나님이 사무엘에게 "베들레헴 사람 이새의 아들들 가운데 왕이 될 사람이 있다"고 말씀하시자, 사무엘이 왕의 머리에 부을 기름을 준비하여 베들레헴으로 찾아간다. 이새의 아들은 모두 일곱이었는데, 사무엘이 그 아들들을 눈으로 직접 보고 선택하려 했지. 이새의 맏아들 엘리압이 지나가자 그를 지켜보던 사무엘이 한눈에 '하나님이 왕으로 세우신 사람이구나' 생각했다. 그때 하나님이 사무엘에게 이렇게 말씀하신단다.

> 너는 그의 준수한 겉모습과 큰 키만을 보아서는 안 된다. 그는 내가 세운 사람이 아니다. 나는 사람이 판단하는 것처럼 그렇게 판단하지는 않는다. 사람은 겉모습만을 따라 판단하지만, 나 주는 중심을 본다(삼상 16:9).

사람마다 겉으로 드러난 모습과 내면의 진실함이 일치하지는 않기에, 그의 외모를 보고 중요한 판단이나 결정을 내려선 안 된다고 말씀하신 거지. 성경에서 사람을 "외모"로 판단하지 말라고 할 때, 이 말에는 단순히 키나 얼굴 같은 겉모습뿐 아니라 사회적 신분이나 재산 등도 포함된단다.

너희들이 잘 아는 야곱의 아들 요셉은 외모 때문에 억울한 옥살이를, 그것도 2년씩이나 한 인물이다. 창세기 39장 6절은 요셉을 "용모가 준수하고 잘생긴 미남이었다"고 소개하고 있다. 알다시피 형들에 의해 이집트에 팔려 간 요셉은 파라오의 경호대장 보디발의 노예가 되었지. 그런데 요셉의 외모에 반한 보디발의 아내가 여러 차례 그를 유혹하기 시작한다. 그럼에도 요셉이 넘어오질 않자 결국 보디발의 아내는 요셉이 자기를 성폭행하려 했다는 누명을 씌워 억울한 옥살이를 하게 했지.

예수님의 외모에 대한 이야기도 성경에 나온다는 거 알고 있니? 구약 성경 이사야서를 보면 이런 구절이 나온단다.

> 그에게는 고운 모양도 없고, 훌륭한 풍채도 없으니, 우리가 보기에 흠모할 만한 아름다운 모습이 없다(사 53:2).

이 말씀을 보면, 예수님의 실제 모습은 우리가 흔히 보는 명화 속 이미지와 굉장히 달랐을 법하다. 예수님에게는 어떤 아름다운 모습도 없다고 했는데, 이를 신국제역NIV 성경에서는 "He had no beauty"라고 기록해 놓았더구나.

각 기독교 명화마다 예수님의 외모가 다양한 모습으로 나오지 않니. 나는 개인적으로 예전 영국 BBC 방송이 제작한 다큐멘터리 〈신의 아들〉에 나오는 이미지를 좋아한다. 예수님의 생애를 다룬 이 다큐멘터리에는 당시 연구팀이 첨단 기법을 이용하여 컴퓨터로 합성한 예수님 얼굴 사진이 나오는데, 인터넷에서 검색하면 쉽게 찾을 수 있다. 그 사진을 보면, 예수님은 투박하고 소박한 시골 일꾼처럼 보인다.

역사적으로 살펴보면 잘생겼다고 해서 훌륭하게 된 사람 없고, 못생겼다 해서 외모 콤플렉스 때문에 잘 살지 못한 경우도 없다. 독일의 철학자 칸트는 가슴이 너무 좁은 체형이었고, 덴마크 철학자 키르케고르는 거의 곱추였다. 외모는 역사적으로 볼 때 전혀 중요하지 않다.

사라져야 할 외모지상주의

'루키즘'Lookism이란 말이 있다. 'Look'(보다)에 '-ism'(-주의)이 합쳐진 단어로, 외모가 연애나 결혼, 취업이나 승진 등 개인 삶의 행·불행 및 성공·실패를 가르는 중요한 요소라고 여기는 '외모지상주의'를 뜻하는 말이지. 미국 일간지 〈뉴욕타임스〉의 한 칼럼니스트가 처음 언급한 뒤로 널리 주목받는 말이 되었다는구나. 외모가 한 개인을 다른 사람과 구분하는 가장 강력한 차별 요소라는 의미에서 '외모차별주의'라고도 하지.

그러고 보면 분명 한국 사회가 외모에 더 치중하는 면이 있다. 우리 사회에 뿌리 깊은 유교 문화 자체에 외식적인 면이 있어서 그럴 게다. 여기서 '외식'外飾이란 겉만 보기 좋게 꾸며서 드러내는 겉치레를 뜻하는 말이다. 다른 사람들이 나를 어떻게 보는지가 중요하다 보니, 겉으로 드러나 보이는 것에 너무 많은 신경을 쓴다. 반면에 자신의 내면과 인격, 자신이 어떤 존재인지에는 크게 관심을 쏟지 않는다. 다른 나라 역시 겉모습에 더 치중하는 게 오늘날 일반적인 흐름이긴 하다만, 그래도 우리 사회가 유달리 지나치다는 게 내 생각이다.

다른 나라 사람들에 비해 한국 사람들이 유난히 외모를 중시하는 경향은 인종에 대한 차별적 시각에서 단적으로 나타난다. 대체로 우리는 서구의 백인들은 높이 보는 반면, 흑인들은 낮추어 본다. 또 서양 사람들은 높이 보면서 동양인, 특히 필리핀이나 베트남 등 동남아 사람들은 무시한다. 서양에서는 백인 남자와 흑인 여성이 결혼하는 경우를 적잖이 볼 수 있지만, 한국 남자가 흑인 여자와 결혼하는 경우는 거의 없다. 미국의 오바마 대통령 부인 미쉘 오바마는 남편보다 더 피부색이 검다. 흑인 남성이 자기보다 더 검은 흑인 여성과 결혼하는 경우가 드문데 오바마 대통령은 그렇지 않았다. 〈타임〉지에서 그것을 높이 평가한 글을 읽은 기억이 난다.

외모 콤플렉스와 자신감

외모 콤플렉스를 극복하고 자신감을 갖게 해준다면, 성형수술을 해도 괜찮지 않으냐 하는 이들이 있다. 그건 얼굴이나 몸에 치명적인 결점이 있어서 사회생활이나 대외 활동이 어려운 경우에 들어맞는 이야기가 아닐까 싶구나. 남이 인정해 주어야 비로소 자신감이 생겨난다면, 그 자신감이 얼마나 오래갈지 의문이다. 다른 사람이 자기 외모를 바라보는 시선에 좌지우지되는 자신감이라면, 그런 자신감은 쉽게 무너져 내리지 않겠니. 처음 만났을 때는 외모가 눈에 들어오고 '예쁘구나' 하겠지만, 점점 시간이 지나면서 '속이 비었구나, 사귈 만한 사람이 못 되는구나' 하면서 다들 떠나가 버리면 그 자신감이 과연 남아 있기나 하겠니?

생각해 보아라. 너희들이 평소 좋아하고 오래 사귀고 싶은 사람은 어떤 사람인지. 대단한 능력은 없어도, 뛰어난 외모는 아니어도, 사람 됨됨이가 좋고 믿을 만한 사람 아닐까? 그런 사람들이야말로 진짜 오래도록 인정받고 스스로도 자존감을 지키며 살 수 있을 거라고 본다.

외모로 인한 콤플렉스는 외모로 극복할 수 없으며, 외모로 얻은 자신감은 오래가지 못한다. 외모가 아닌 내면을 가꾸고 사람됨을 통해 인정받는 게 중요하다. 그럴 때 우리 안에 진정한 자신감이 자라날 것이다. 외모가 행복의 조건이라면, 외모가 뛰어난 배우나 연예인들이 가장 행복해야 하겠지. 자기를 좋아하고 따르는 팬들이 나라 안팎으로 있으니 말이다. 그런데 정작 행복하지 않게 살아가는, 심지어 스스로 목숨을 끊는 배우들이 얼마나 많니.

콤플렉스는 내 맘대로 할 수 없는 대상에 마음과 생각이 얽매여 전전긍긍할 때 생겨난다. 그 대상에 절대적인 가치를 두는 이상, 피할 수 없는 일이다. 그러니 외모에 절대적인 가치를 두는 한 외모 콤플렉스는 피할 수 없다. 현재의 내 상황이 절대적이지도 영원하지도 않으며, 외모보다 훨씬 더 중요한 게 있다는 사실을 인정하면서 상대화하기 시작하면, 외모 콤플렉스는 자연 힘을 잃게 된다.

"그럼 할아버진 콤플렉스 없었어요?"라고 묻고 싶은 표정들이 눈에 선하구나. 나라고 왜 콤플렉스가 없었겠니? 내 경우, 대학 다닐 때 가난에 대한 콤플렉스가 있었던 것 같다. 학교 갈 때 콩나물시루 같은 버스를 타면 잘 차려 입은 사람에게는 자리 양보를 잘 하지 않았던 것도, 유학 시절 장학금을 '자선'이라고 여겨 굳이 거부한 것도 그런 콤플렉스가 작용한 게 아닌가 한다.

내 경험을 돌이켜 보면 콤플렉스를 극복하는 데는 성경을 읽고 묵상하고 기도하는 생활이 굉장히 도움이 되었다. 그 시간을 통해 나 자신을 객관적으로 돌아보고 성찰하게 되었고, 그게 콤플렉스를 해소하고 깨뜨리는 데 상당히 큰 힘이 되었다. 그리고 외모든 돈이든 절대화하지 않고 상대화할 때 콤플렉스에 빠지지 않을 수 있다. 그걸 절대화하기 시작하면 편협하고 극단적인 시각에 사로잡히기 쉽기 때문이다. 그래서는 결코 콤플렉스를 극복할 수 없을 게다.

  "외모도 경쟁력이다"라는 말을 주변에서 숱하게 떠들어 댄다고 하여 그걸 절대화해서 받아들이지는 말아라. 외모지상주의 가치관이 널리 퍼져 있대서 누구나 그 가치를 받아들이고 그 가치에 따라 살 필요도 없고 그래서도 안 된다. 다수가 따른다고 해서 그게 진리는 아니기 때문이다.

닫는 글

저마다 힘겨운 시기를 보내는 이 땅 청소년들에게 어른다운 어른의 인생 지혜를 전해 주고 싶었습니다. 청소년기를 맞이한 두 아이의 아빠로서, 무엇보다 우리 집 아이들에게 지혜로운 할아버지가 들려주시는 '10대를 위한 인생 잠언' 같은 책이 있으면 좋겠다는 생각을 했습니다. 이 책이 나오게 된 계기입니다.

그런 뜻을 품고 맨 처음 떠올린 '어른'이 바로 손봉호 교수님이었습니다. 손주뻘인 10대들이 한창 고민하는 여러 주제를 토대로 교수님을 인터뷰한 뒤, 대화 혹은 편지 형식의 글로 다듬어 전하자는 구상이었지요. 교직 은퇴 후에도 여전히 강의와 강연, 공익적인 사회 활동을 왕성하게 해나가시는 터여서, 퇴짜 맞을 각오를 하고 연락드렸는데 흔쾌히 수락해 주셔서 얼마나 기뻤던지요.

매월 한 차례씩 1년 반 가까이 교수님을 찾아뵙고 '10대를 위한 인생 강의'를 들었습니다. 제가 질문을 던지면 교수님이 '글 같은 말'로 답하셨는데, 말씀을 들으며 글로 정리하노라면 어느덧 부모인 저를 위한 인생 강의로 다가오는 것이었습니다. 군더더기 없이 간결 명료하게 들려주시는 말씀을 놓칠세라 몸을 곧추세우며 귀를 기울였는데, 그 시간이 저에게는 잊지 못할 '수업'이 되었고 부모인 저로서도 소중한 지혜를 얻는 시간이었습니다.

출판을 앞두고 전체 원고를 다시 검토하면서, 이제 고1 또래가 되는 저희 딸 의진이에게 정말 유익하겠다는 확신이 이 글을 써나가기 시작한 당시보다 더 강하게 다가왔습니다.

'법고창신'法古創新이라는 말이 있습니다. 조선 정조대왕 때 연암 박지원이 썼다는 이 말은, '옛 것을 본받되 새 것을 창조한다'는 뜻입니다. 비슷한 말로 '온고지신'溫故知新이 있습니다. 옛것을 낡았다고 내던져 버려서는 새로운 것이 나올 수 없다는 옛 선조의 지혜를 어찌 가벼이 여길 수 있을까요. 팔십 평생을 살아오신 노철학자의 인생 잠언 또한 그에 해당하는 게 아닐지요.

교수님과 직접 대화를 나누다 보면 상당히 유머가 넘치는 분임을 알 수 있습니다. 이럴 때는 글이 '말의 맛'을 온전히 담아 내지 못하는 한계가 있다는 생각이 듭니다. 교수님의 인생 지혜와 통찰이 쉽고도 선명하게 다가오지 않았다면, 그건 전적으로 교수님의 간결 명료한 '말'을 글로 잘 살려 내지 못한 제 책임이자 저의 부족함 때문입니다.

무엇보다 매월 분주한 일정을 쪼개 시간을 내주시고, 찾아뵐 때마다 환한 웃음으로 반가이 맞아 주시며 귀한 인생의 지혜를 들려주신 손봉호 교수님께 감사드립니다. 교수님과의 일대일 인생 수업이나 다름없던 그 시간이 제겐 큰 기쁨이자 영광이었습니다. 아울러 저희 두 아이 의진이와 유겸이에게 자신 있게 권할 만한 책, 즐거이 머리맡에서 읽어 줄 책이 생겨서 무엇보다 기쁘고 신이 납니다. 밤마다 아이들의 잠자리에서 책을 읽어 준 지 10여 년이 되어 가는데, 요즘 함께 읽는 책이 곧 끝나면 이 책을 읽어 줄 생각입니다.

앞에서 밝힌 대로 이 책은 원래 '10대 청소년'(물론 법적으로는 청소년이 24세 이하까지입니다)을 염두에 두고 썼지만, 20대 청년은 물론 10대들의 부모님에게도 많은 유익이 되리라 생각합니다. 그러니 10대를 둔 부모님이 먼저 읽고 자녀들에게 권해 주셔도 좋겠습니다.

끝으로 이 책을 지금 청소년기를 지나는 이 땅의 모든 '의진' '유겸'이에게 바칩니다.

답 없는 너에게

The Letters to Teenagers for a Better Life

지은이 손봉호·옥명호
펴낸곳 주식회사 홍성사
펴낸이 정애주
국효숙 김경석 김의연 김준표 박혜란 오민택
오형탁 임영주 주예경 차길환 허은

2015. 2. 25. 초판 발행   2021. 1. 20. 9쇄 발행

등록번호 제1-499호 1977. 8. 1.
주소 (04084) 서울시 마포구 양화진4길 3   **전화** 02) 333-5161   **팩스** 02) 333-5165
홈페이지 hongsungsa.com   **이메일** hsbooks@hongsungsa.com   **페이스북** facebook.com/hongsun
양화진책방 02) 333-5161

ⓒ 손봉호·옥명호, 2015

• 잘못된 책은 바꿔 드립니다.   • 책값은 뒤표지에 있습니다.

ISBN 978-89-365-1079-4 (43230)